铁路安全与救援

主　编　付　翔　赵晓红

副主编　王　岳　陆俊帅

主　审　朱彦平

西南交通大学出版社

·成　都·

图书在版编目（CIP）数据

铁路安全与救援 / 付翔，赵晓红主编. —成都：
西南交通大学出版社，2023.1
ISBN 978-7-5643-9086-0

Ⅰ.①铁… Ⅱ.①付… ②赵… Ⅲ.①铁路运输－交
通运输安全②铁路运输－交通运输事故－救援 Ⅳ.
①U298

中国版本图书馆 CIP 数据核字（2022）第 249008 号

Tielu Anquan yu Jiuyuan

铁路安全与救援

主编	付　翔　赵晓红
责任编辑	李　伟
封面设计	吴　兵

出版发行	西南交通大学出版社 （四川省成都市金牛区二环路北一段 111 号 西南交通大学创新大厦 21 楼）
邮政编码	610031
发行部电话	028-87600564　　　028-87600533
网址	http://www.xnjdcbs.com
印刷	四川煤田地质制图印务有限责任公司

成品尺寸	185 mm × 260 mm
印张	11.75
字数	288 千
版次	2023 年 1 月第 1 版
印次	2023 年 1 月第 1 次
书号	ISBN 978-7-5643-9086-0
定价	35.00 元

课件咨询电话：028-81435775

铁路作为国家的重要基础设施，是交通运输的大动脉，是我们国家最经济、最普遍的一种交通工具。截至 2021 年年底，我国铁路营业里程突破 15 万千米，其中高速铁路运营里程超过 4 万千米，位居世界第一。铁路运输在经济社会发展中具有极其重要的地位和作用。而铁路安全不仅是铁路运输的基本要求，更是实现铁路整体运行的基本保证。要实现铁路运输的快速健康发展，就必须把安全生产作为头等大事抓好，用科学的态度和方法处理好安全与效率的关系，保持铁路运输长治久安的局面，以适应国民经济和人民生活日益增长的要求。铁路事故救援则是安全事故发生后的有效补救措施，特别是高速铁路动车组运行速度快，正线耽误时间越短，越能降低事故对正常运输秩序的影响。本书主要面向高等职业教育铁路相关专业学生，介绍铁路安全管理的有关内容及铁路机车车辆事故救援的相关知识，也可作为铁路运输站段进行安全教育的培训教材。

全书共分 6 章，第 1 章为铁路安全管理概述，主要讲述铁路安全管理的重要性及铁路安全管理的现状；第 2 章为铁路安全知识认知，主要讲述铁路概况、典型事故案例及铁路安全通用常识；第 3 章为铁路行车安全保障体系认知，主要讲述现有铁路安全系统是如何保障铁路行车安全的；第 4 章为铁路机车车辆救援，主要讲述现有铁路交通事故救援的管理办法及救援的相关要求；第 5 章为动力组救援，主要讲述动车组救援相关要求及部分动车组救援的典型案例；第 6 章为安全管理相关制度体系，主要讲述铁路运输安全相关法律、行政法规与规章。

需要说明的是，由于国有企业改制的要求，2013 年 3 月 14 日，原铁道部被撤销，成立中国铁路总公司，2019 年 6 月 18 日，中国铁路总公司改制成立中国国家铁路集团有限公司，以下分别简称"铁道部""铁路总公司"和"国铁集团"。由于有些规章、规范中的描述依然沿用了之前订立的规章、规范，故文中引用相关规章、规范部分时涉及铁道部、铁路总公司等描述对当前中国国家铁路集团有限公司依然适用。

本书由武汉铁路职业技术学院付翔、赵晓红担任主编，王岳（中国铁路武汉局集团有限公司）、陆俊帅担任副主编，中国铁路武汉局集团有限公司车辆部朱彦平担任主审。参加编写的还有武汉铁路职业技术学院曾照平、潘永军、雷蕾、雷佳哲等，以及中国铁路武汉局集团有限公司钱琨、刘倡、陈国防、何小康、陈涛、徐斌等。其中，付翔、陈国防、陈涛编写第1章，赵晓红、雷蕾、陆俊帅编写第2章，何小康、雷蕾、曾照平编写第3章，潘永军、钱琨、雷佳哲编写第4章，徐斌、钱琨、刘倡编写第5章，王岳、潘永军、付翔、陆俊帅编写第6章。本书在编写过程中还得到了中国铁路武汉局集团有限公司车辆部、调度部、安监室、武汉动车段以及国家铁路局武汉铁路监督管理局相关专业技术人员及领导的大力支持和帮助，在此表示衷心感谢。

由于时间紧迫，编者水平有限，书中不足之处在所难免，恳请读者给予批评指正。

编　者

2022 年 3 月

本书数字资源

目　录

第 1 章　铁路安全管理概述

　　铁路安全是铁路运输行业永恒的主题。铁路安全管理作为铁路工作的重中之重，是铁路从业者一直不断完善的环节。自铁路开通运营以来，铁路安全管理者就一直在致力于不断提高安全生产管理水平，确保稳定的安全生产局面，并把向乘客和用户提供安全、可靠的运输服务作为铁路运输各部门一直追求的目标。自从高速铁路开行以来，铁路运输的安全形势发生了重大变化，高速铁路运行速度高，线路建设标准高，机车车辆等移动装备制造工艺高，对安全管理工作也提出了更高的要求。因此，掌握与铁路安全相关的知识显得尤为重要。而铁路安全管理的形势非常复杂，面对的问题也多样化，这也是由铁路系统本身的复杂性决定的。

1.1　铁路安全管理的重要性及内涵

　　铁路运输生产的作用、性质和特点，都决定了铁路运输企业必须将安全管理摆在各项工作的首要位置。安全是铁路运输的永恒主题，是铁路运输企业一切工作的基础，也是铁路运输工作质量的综合反映。要做好铁路安全管理工作，首先必须要准确理解、深刻把握安全管理，尤其是铁路安全管理的内涵和本质。

　　从内涵而言，实现安全是要实现对生产过程的有序控制，安全管理需要研究的问题是通过什么环节和使用什么样的手段来进行控制。保持正常的状态靠的是控制，其核心是要通过控制使人的行为、物的状态、环境的因素，以及人、物、环境的关系始终处于正常状态。铁路运输安全保障体系就是一种综合控制手段，要求细化分解每个生产环节，使生产过程中的每个环节、每个岗位都实现可控。从本质而言，安全是一种状态，是不以人的意志为转移的客观存在，是生产过程中每一环节、每一个过程应该保持的正常状态。在安全生产过程中，人处于核心地位，必须处于一个正常状态；物，即劳动工具和劳动对象，既是运输生产的物质基础，又是运输安全的重要保证，其质量优劣直接影响生产安全；环境危害会威胁或干扰人、物的状态，其也必须处于可控范围。人、物和环境三者之间相互联系、相互影响，只有三者都处于正常状态且达到协调一致，系统才会处于安全状态。铁路运输是全天候、多工种、跨区域的生产组织方式，决定了其安全隐患既有人的不安全行为，又有物的不安全状态，也有外部环境的威胁；既有基础薄弱、规章标准的疏漏，也有设备技术条件的缺陷；既有人员岗位技能的不达标，也有技术设备设施保障的薄弱。

　　从能量角度看，安全也是能量的积累过程。海恩法则揭示了事故的发生是能量积累的结果。正能量彰显、占据主导，安全的可控状态就会增强；负能量集聚积累，集中释放，就会导致事故发生。确保安全持续稳定，需要对各种能量的积累过程高度关注和有效控制，及时化解和消除负能量，弘扬正能量，让正能量持续积累成为主流，安全持续稳定就会成为常态。

从文化角度看，安全文化对安全工作的促进保障作用深远。安全文化就是安全理念、安全意识以及在其指导下的各项行为的总称，是为企业在生产、生活、生存活动中提供安全生产的重要保证。长期的铁路安全管理实践证明：短期安全靠措施、长期安全靠管理和文化。铁路各单位在长期的安全实践过程中，形成了很多各具特色的安全文化品牌，成为凝聚人心、保障铁路安全的重要无形资产，这也是铁路安全生产长治久安的强有力的思想保证和精神动力。

1.2　铁路运营安全的复杂性

铁路运营系统涉及机车车辆（动车组）、线路轨道（桥梁、隧道）、牵引供电、列车控制、运营调度、运输组织、设备设施养护维修和检测监测、环境监测等，具有系统复杂、涉及要素多、层级多、分工细、全天候等特征。

作为复杂而庞大的系统，铁路运营安全问题非常烦琐和复杂，具有以下特点：

（1）涉及的系统规模宏大，环节繁杂。铁路运营安全系统涉及车务、机务、工务、电务、车辆、动车组、供电、客运、货运等诸多专业，包括人、机、环、管等各方面，关联铁路运营相关方面。

（2）涉及的系统结构复杂，层级众多。铁路运营安全系统包括多个子系统，每个子系统又由更低层次的子系统组成，涉及的系统层级众多，层次结构极其复杂。

（3）系统、子系统间作用多为非线性，不确定因素多。铁路运营系统是以人为主体的社会系统，是典型的非线性系统，各因素的作用方式是非线性的。此外，铁路系统安全范畴中存在着很多不确定性，即存在着很多随机性、复杂性及模糊性。

（4）涉及的内外部环境复杂，条件多变。一方面，铁路作为社会技术系统，承担着运营、生产的责任，员工进行生产活动时的内部作业环境本身就十分复杂；另一方面，铁路不断与外界进行物质、能量交换，外界环境对铁路安全也可能产生非常大的影响。同时，外界的社会、经济、人文环境也与铁路运营安全息息相关。

1.3　铁路安全管理体系的建立

根据铁路安全管理的复杂性和特殊性，铁路部门建立了完善的铁路安全管理体系，总的来说，体现在如下几点。

1. 建立安全管理理念

根据铁路安全管理的特点，建立了关口前移、源头防范的安全工作理念。"安全第一、预防为主"关键在于将安全关口前移，实施超前防范。过去的铁路事故教训都揭示出事故往往是由诸多安全隐患的积累和叠加导致的，而事故隐患又是由诸多风险失察、失管、失控积累而引起的。安全风险管理要求从导致事故的最基本因素——风险入手，进行超前管控，防止风险失控形成隐患，防止隐患失于治理而导致事故发生，"将风险控制在隐患形成之前，把隐患控制在事故发生之前，决不能让故障上升为事故，决不能让事故变成灾难，决不让一念之差造成终身悔恨"。风险管理的本质，就是关口前移、超前防范的安全理念。铁路安全工作的重心，就是从结果转向过程、转向源头管理，将事故、隐患、风险管理一层一层向预防上推，切实将安全风险都控制在可接受范围内，及时消除事故隐患，坚定事故可防可控的信念。事故发生的原因揭示了在事故发生前往往存在诸多缺陷、漏洞和隐患。事故的发生，多是由于平时疏于检查、疏于管理和疏于优化完善。很多管理者对事故原因的认知还不透彻，没有从管理环节和生产组织环节去深入分析，常常发出事故不可避免的感慨。实际上，现场很多安全风险和隐患，完全可以提前辨识、提前控制和提前治理。安全管理的奶酪理论也揭示出，很多情况下事故的各种致因只要有一个被制止，事故往往就不会发生。只要把握好安全生产规律，超前管控安全风险，超前治理事故隐患，事故是可以预防和控制的。因此，需持续完善"应急处置导向安全"的理念和原则。很多铁路事故常发生于应急处置环节，其中突出的问题是不具备开通条件盲目开通、不具备放行条件盲目放行列车或不具备作业条件冒险指挥作业，其根本原因是没有明确和规范生产组织层、作业层在应急处置过程中应遵循的原则，没有遵循"故障导向安全"的基本原则。解决问题的根本途径，是确保安全性和可靠性的规章制度、作业标准与现场实际工作的结合。

2. 夯实安全管理基础

健全完善的安全管理制度体系是确保长治久安的基础保障。中国铁路自开行以来，就一直注重安全管理建设，经过不断摸索和总结，初步形成了以国家安全法规为基础，铁路专业安全管理条例为重点，各路局的铁路安全管理为特色的专业安全管理框架。从国家层面来讲，2007 年，国务院下发了《铁路交通事故应急救援和调查处理条例》（国务院令第 501 号），对铁路交通事故应急救援和调查处理做了具体规定；2013 年，国务院又下发了《铁路安全管理条例》（国务院令第 639 号），明确了铁路安全的主体管理责任和安全管理的总框架。原中国铁路总公司制定和完善了贯彻落实党中央、国务院各项文件的具体实施办法，如国家铁路局在 2015 年对《中华人民共和国铁路法》进行了修订，对第四章"铁路安全与保护"章节重点修订，明确了安全管理相关事宜，并对铁路需要推进落实的安全工作进行了详细梳理，有效完善和夯实了铁路安全管理基础。规范完善规章制度管理，按照去繁就简、科学适用、易于操作的原则，对既有安全管理制度进行全面梳理、规范和完善。开展技术规章修、建、补、废、释工作，定期清理发布规章制度，完善作业标准体系，为规范管理、按标作业提供遵循依据。进一步完善行车岗位作业指导书，注重验证作业标准的有效性，更加突出安全导向，更加突出实用、实际和实效。加强专业安全管理基础。健全专业指导、沟通协调和联合检查整治工作机制，充分发挥专业管理作用，及时发现、研究、解决专业技术问题。建立对高速铁路生产组织、规章制度、设备质量、人员素质管理和工艺标准等定期评估诊断机制，及时消除源头性安全隐患。优化专业管理评价办法，定期开展专业对规对标和专业管理评价，持续规范和加强专业管理基础。健全完善结合部问题协调解决工作机制，堵塞结合部漏洞，消除管理盲区。强化设备质量源头管理。建立新线开通运营前安全隐患协调整治工作机制，加强新线开通运营提前介入隐患治理。建立铁路局业务部门和站段参与的质量评定机制，严把设备设施质量准入关，加强设备设施源头质量管理。全面推行主要行车设备电子档案，施行技术状态、养修履历全过程管理。全面推行高速铁路综合维修一体化管理，创新高速铁路基础设施维护管理模式。建立定期检查评估客运枢纽、客车径路设备质量机制，常态化整治高速铁路、客车设备薄弱环节。完善职工培训工作机制。实施职工实作技能素质建设工程，加强安全第一思想教育，以基本规章、作业标准和应急处置为重点，推进实物化、实景式的实作培训，提高职工实作技能培训的实效性、实用性。完善职工培训过程管理、质量考评和内部分配挂钩机制，不断提高教育培训的针对性。将安全监督管理纳入各级领导人员安全生产培训。优化完善专业技术人员培训内容和考核工作机制，提高专业技术管理水平。推进安全生产标准化建设。按照《企业安全生产标准化基本规范》，进一步健全完善标准化管理制度，形成持续推进标准化建设的常态机制。系统优化标准化车间创建标准，建立"立标、学标、达标、落标"常态管理机制，推进职工岗位作业达标等级管理。健全设备设施维护标准化体系，严格检验评价、考核标准，确保设备养护维修全面达标。

3. 建立健全安全生产责任制，强化落实安全生产责任制

完善的安全生产责任体系是各项安全工作的基本保障，促进履职尽责需要依靠完善的责任体系和完备的制度机制来支撑。目前的安全生产责任制按照"党政同责、一岗双责、齐抓共管、失职追责""管业务必须管安全、管生产经营必须管安全"和"谁主管谁负责"的原则，分级分层建立安全生产责任制管理制度。从公司层面，制定国铁集团党组成员及机关各部门的安全生产责任制，并督促指导铁路集团公司健全全员安全生产责任制，全面建成安全生产责任体系。相应铁路局集团公司及各站段也按相同模式建立一把手负责制的安全生产责任制，严格安全责任追究制度。将不敢、不能触碰安全红线和底线作为规范铁路职工安全行为的刚性约束，建立企业负责人经营业绩考核办法。为强化安全红线意识和高速铁路安全万无一失的意识，建立高速铁路、动车组发生严重安全隐患比照事故严格考核追责的制度。围绕完善问题整改闭环，制定了事故暴露问题整改督办制度，对整改措施不落实的，按规定追究相关单位和专业管理部门领导及有关人员的责任。

1.4 铁路安全风险管理现状

随着高速铁路在我国不断发展，高速铁路建设中大量运用机械工程、电气工程、电子科学、材料科学、计算机科学及控制论等高新技术。由于这些高新技术的应用，运用操作精确性和维护复杂性提高，要求用更加科学先进的管理手段与之相匹配。在国际铁路运输领域，安全风险管理已成为相对完善并被普遍应用的安全管理手段。我国从 2012 年开始，按照原铁道部对铁路进一步深化安全管理水平的部署要求，在全路推行安全风险管理。经过多年的不断研究和实践，积累了许多成功经验。我国铁路安全风险管理的实施，在国家铁路局要求层面和铁路局具体实施层面，实施分级管理、分别卡控的原则。

1. 中国国铁集团层面安全风险管理部署

国铁集团对安全管理的总体规划见图 1.1。

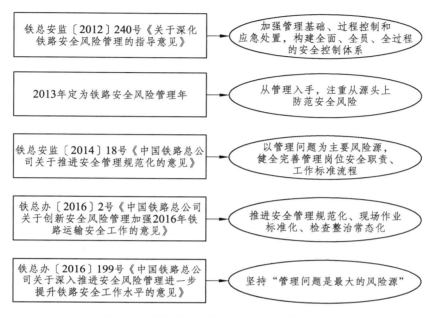

图 1.1　国铁集团对安全管理的总体规划

从图 1.1 中可以看出，随着铁总安监〔2012〕240 号的提出，我国开始逐步在全路推行安全风险管理。2014 年，中国铁路总公司通过总结前期风险管理实施的经验，结合中国铁路实际，进一步发布了铁总安监〔2014〕18 号，提出围绕管理问题这一铁路安全的主要风险源，健全完善管理岗位安全职责、工作标准和工作流程，强化安全过程管控，严格管理履职考评，实现安全管理职责明晰、制度健全、决策严谨、指导有力、方法科学、考核到位的规范化管理格局。2016 年，中国铁路总公司根据前期风险管理推进中出现的问题，总结前期风险管理实施的经验，结合实际情况，发布了铁总办〔2016〕2 号，提出坚持安全风险管理的思路不动摇，坚持"三点共识"和"三个重中之重"不动摇，确保铁路运输安全持续稳定。随后，国铁集团通过铁总办〔2016〕199 号提出，安全风险管理是强化铁路安全基础的有效举措，也是实现铁路安全发展的必由之路，从而持续深化"安全管理规范化、现场作业标准化、检查整治常态化"建设。综上可以看出，在国铁集团层面对风险管理的要求可归纳为：围绕"管理问题"这一重大风险源，构建全面、全员、全过程的安全风险控制体系。

2. 铁路局层面推行风险管理情况

在国铁集团安全风险管理的指导下，各铁路局以"三杜绝"，即"杜绝责任铁路交通一般 A 类及以上和程度相当的其他生产安全事故，杜绝责任旅客死亡事故，杜绝责任从业人员死亡事故"为目标，结合各自实际，建立了既高度统一又各具特色的安全风险管理体系，形成了以安全管理规范、设备质量可靠、人员素质达标、保障体系完备为基本手段的安全风险管理体系。

3．站段层面推行安全风险管理情况

站段层面，根据铁路局提出的指导意见，深化规范安全管理新机制运行，强化安全风险管控，优化管理人员安全检查量化评价机制，制定站段安全风险管理实施细则。各车间、科室根据安全生产变化与安全风险管控实际，结合现场作业突出问题，维护信息系统，盯控问题整改分析，监督计划执行，开展风险研判与评价等具体工作，形成"铁路局-站段-车间及班组"的层次风险管理架构，每一级各司其职，按照所在层级职责，分别提出实施安全管理的职责和具体实施意见。

1.5　当前铁路安全风险管理中存在的问题

全面推行风险管理以来，我国铁路安全管理实现了从传统模式到与国际铁路安全管理模式的接轨，管理的科学性取得了一定进步。但与国际铁路安全风险管理模式相比，以及从风险管理实施的成熟度和科学性要求来说，尚存在一些问题。

（1）因缺乏系统性数据支撑，现有安全风险分析仍然以初级的定性分析为主。我国铁路尽管拥有多年的运营历史，各专业系统的性能信息、设备故障数据、历史事故信息也有一定的积累，但目前为止尚未整合成一个科学合理的、可供风险分析和管理参考的数据库。这就使得当前铁路各专业系统开展的风险分析和管理只能基于有限的可利用资源，或者依据专业系统专家主观判断进行，其客观性和科学性有待进一步完善。

（2）安全风险管理存在不足。现有安全风险管理中，对人为因素影响的分析比较欠缺。我国高速铁路发展无论从规模上还是路网扩张速度上都处于世界领先地位，新技术、新装备的应用，加速了我国铁路技术装备现代化，系统设备（硬件和软件）的可靠性大大提高。作为自动化系统的操作主体，人的作用变得更加突出。作为人机系统中极其重要的一方，人对系统的安全性也有着越来越突出的影响。有资料表明，当今世界上所有的系统失效中，70% ～90%是直接或间接的人为失误导致的。因此，从安全性来看，人为失误已成为系统最主要的事故源。而目前在安全风险管理中，针对人为因素开展的风险管理研究仍然较少，如何通过人机工程设计等手段最大限度地提高系统的可靠性、安全性，已经成为亟待解决的重要问题。

（3）安全管理人员业务素质不高。部分管理人员由于业务素质不高，导致现场日常的检查流于形式，不能真正发现问题。作为基层的管理人员，经常要深入现场对作业人员标准落实情况进行检查，对存在的问题及时发现并制止，督导作业人员按章作业。这就要与现场的职工直接进行交往并进行日常管理；同时要求管理人员要对分管的工作具有熟练的业务知识，这样才能对存在的问题及时发现并指出、整改。但现在由于种种原因，个别管理人员由于日常不注意加强自我提高，存在业务素质不高、对岗位作业标准不熟悉、管理知识和能力欠缺等问题，造成不能完全适应现场检查的需要，因此在日常的检查中就难以发现某些问题或因掌握不全无法提出正确意见，从而使检查流于形式，检查达不到现场检查的目的。管理中缺乏调查，看问题片面，个别管理人员在日常检查中存在严重的主观现象，不注意调查，对某些安全问题的出现只看表面现象，而没有进一步深入调查的习惯，不能真正找到问题的实质内容。在这种情况下，对所谓的责任人进行盲目指责，甚至对所谓责任人的解释采取不理不睬的态度，而不能与职工进行平等交流，还把职工的解释认为是狡辩，这不但不利于问题的解决，反而会加深安全管理者与生产者之间的矛盾，更不利于安全管理工作的展开。

复习思考题

1. 铁路安全在铁路运输中的地位是什么？
2. 铁路安全分为几级管理？分别是哪几个层次？
3. 当前我国铁路安全管理中存在的问题有哪些？

第 2 章　铁路安全知识认知

2.1　铁路发展概况

2.1.1　铁路在国民经济中的地位

1. 铁路是国民经济发展的大动脉

目前，中国大量长途大宗货物运输和中长途旅客运输主要由铁路承担，铁路每年完成的旅客周转量占全社会旅客周转量的 1/3 以上，完成中长途大宗货物周转量占全社会货物周转量的 55%。

2. 铁路在我国中长途旅客运输中占据主力位置

在时间速度方面，铁路通过六次大提速，在途时间显著缩短，主要城市间基本实现了"夕发朝至""一日或几小时到达"。其是中长途旅客运输以及大流量、高密度城际旅客运输的骨干力量。例如，2000 年，义乌到北京最快的车次需要 24 h，而且列车晚点情况非常普遍。而如今，只需不到 6 h，而且几乎不会出现列车晚点情况。

运输优势距离方面，因高铁、城际铁路和地铁的大力发展，目前我国轨道交通行业的优势距离呈现上延下伸趋势。在 300 km 以内，地铁能方便城市居民 5 km 以上的出行，城际铁路能满足相连或相隔的跨市级出行；在 300 km 以上，速度高达 350 km/h 的高速铁路，将轨道交通的优势距离直接延伸到 1 500 km 以上，比飞机更舒适、更便捷的铁路出行方式已成为国内跨省级旅客运输最主要的力量。

3. 铁路在节能、环保方面具有优势，有利于可持续发展

有关数据显示，铁路在节约土地、节约能源、保护环境等方面具有明显优势。在土地占用方面，完成单位运输量所占用的土地面积，铁路仅为公路的 1/10 左右；在能源利用方面，我国铁路占用交通行业不足 1/6 的能源消耗，完成了全社会 1/2 运输的工作量；在保护环境方面，铁路在各种运输方式中的排放是最少的，尤其是电气化铁路被公认为是清洁、环保型交通工具。近年来，铁路系统认真落实节能减排措施，并取得明显成效。2018 年数据统计，铁路运输工作量比 2002 年增长了 44.9%，而能耗总量仅增长了 10.1%，单位运输工作量能耗下降了 24%；二氧化硫排放量下降了 21.8%，化学需氧量排放下降了 9.5%。

2.1.2　新中国铁路发展的成就

新中国铁路发展的伟大成就，可以简要概括为 5 个方面。

第一，"四通八达"的铁路网基本建成。1949 年，全国铁路约为 2.2 万千米。截至 2021 年年底，我国铁路营业里程超过 15 万千米，其中高铁 4.1 万千米，位居世界第一。2006 年 7 月青藏铁路建成通车，结束了西藏无铁路的历史。党的十八大以来，我国以高速铁路、西部铁路建设为重点，陆续建成投产了兰新、格敦等一大批新建铁路项目，累计新增营业里程 6.94 万千米。到 2020 年年底，铁路网县级行政区划、地级行政区划和 20 万人口以上城市覆盖率分别达到 76%、93%和 96%以上。

第二，铁路网的现代化质量大幅提高。2020 年年底，全国铁路复线约 8.6 万千米，占比 60.3%。电气化铁路在整个路网中占比 72.3%。铁路既有线 120 km/h 以上线路延展里程达到 2.4 万千米，大大提高了出行效率。我国高铁运营里程达到 4.1 万千米，居世界第一，"四纵四横"高铁网顺利实现，"八纵八横"路网基本形成，已形成了世界上最发达的高铁网。2020 年，高铁动车组发送旅客 22 亿人次，占比 65%。

第三，铁路装备和服务水平显著提升。首先是机车先进，到 2020 年年底，全国铁路机车拥有量为 2.2 万台。其中，内燃机车 0.80 万台，占 36.7%；电力机车 1.38 万台，占 63.3%。其次是车辆先进，全国铁路客车拥有量为 7.6 万辆。其中，动车组 3 918 标准组、31 340 辆，普通客车中空调车占比达到 92.4%。全国铁路货车拥有量为 91.2 万辆。再次是信息化程度先进。我国自主研发了一系列先进的铁路通信系统、信号系统、列车调度系统，大大缩短了列车追踪间隔，提高了区间通过能力，增加了车流发送密度。

第四，铁路工程建造技术先进、实力雄厚。我国通过 70 多年的努力，培育了 30 多家专业化的铁路设计院，建立了一批培养专业化人才的高等铁路院校，构建了具有完全自主知识产权的平原山区铁路、沙漠铁路、高原铁路、高寒铁路建造技术，形成了普速、重载、高速三大领域铁路成套技术标准体系，打造了世界上赫赫有名的特大型专业化铁路工程企业集团，发展了研发制造"建桥梁、打隧道"机械装备的先进工业体系。

第五，走出国门成果丰硕，谱写了新篇章。中国铁路"走出去"始于 20 世纪 70 年代。改革开放以来，特别是 2001 年国家正式提出实施"走出去"政策，中国铁路企业紧紧抓住历史机遇，不断加快走出去步伐。党的十八大以来，习近平总书记站在构建人类命运共同体的高度，提出"一带一路"倡议，开启了中国铁路"走出去"的新篇章，先后承建印尼雅万高铁、中老铁路、巴基斯坦拉合尔橙线轨道交通项目及中泰铁路合作项目等多个项目。

2.2　典型安全事故案例

2.2.1　铁路安全事故定义

《铁路交通事故调查处理规则》总则第二条关于"铁路交通事故"的定义："铁路机车车辆在运行过程中发生冲突、脱轨、火灾、爆炸等影响铁路正常行车的事故，包括影响铁路正常行车的相关作业过程中发生的事故；或者铁路机车车辆在运行过程中与行人、机动车、非机动车、牲畜及其他障碍物相撞的事故，均为铁路交通事故。"

为了规范生产安全事故的报告和调查处理，落实生产安全事故责任追究制度，防止和减少生产安全事故，根据《中华人民共和国安全生产法》和有关法律，国务院制定了《生产安全事故报告和调查处理条例》。根据生产安全事故造成的人员伤亡或者直接经济损失，事故一般分为一般事故、较大事故、重大事故、特别重大事故，如表 2.1 所示。

表 2.1　安全事故等级划分

等　级	一般事故	较大事故	重大事故	特别重大事故
经济损失	一次造成 1 000 万元以下直接经济损失	一次造成 1 000 万~5 000 万元直接经济损失	一次造成 5 000 万~1 亿元直接经济损失	一次造成 1 亿元以上（含 1 亿元）直接经济损失
重伤	一次造成 1~9 人重伤（包括急性工业中毒）	一次造成 10~49 人重伤（包括急性工业中毒）	一次造成 50~99 人重伤（包括急性工业中毒）	一次造成 100 人及以上重伤（包括急性工业中毒）
死亡	一次造成 1~2 人死亡	一次造成 3~9 人死亡	一次造成 10~29 人死亡	一次造成 30 人及以上死亡

2.2.2　铁路典型重大安全事故

1. "7·23" 甬温线特别重大铁路交通事故

2011 年 7 月 23 日 20 时 30 分 05 秒，甬温线浙江省温州市境内，由北京南站开往福州站的 D301 次列车与杭州站开往福州南站的 D3115 次列车发生动车组列车追尾事故。此次事故造成 6 节车厢脱轨，40 人死亡，172 人受伤，中断行车 32 小时 35 分，直接经济损失 19 371.65 万元。（详见国务院 "7·23" 甬温线特别重大铁路交通事故调查组《"7·23" 甬温线特别重大铁路交通事故调查报告》）

"7·23" 甬温线特别重大铁路交通事故是一起因列控中心设备存在严重设计缺陷、上道使用审查把关不严、雷击导致设备故障后应急处置不力等因素造成的责任事故。

2. "4·28" 胶济铁路特别重大交通事故

2008 年 4 月 28 日 4 时 41 分，由北京开往青岛的下行 T195 次旅客列车，运行至山东省境内胶济铁路周村站至王村站间，发生列车脱线事故，机车后第 9 至 17 位车辆脱轨，其中尾部车辆侵入上行线，被上行线由烟台开往徐州的 5034 次旅客列车碰撞，造成 5034 次列车机车及机车后第 1 至 5 位车辆脱轨。胶济铁路列车相撞事故造成 72 人死亡，416 人受伤。

3. 杨庄事故

事故发生于 1978 年 12 月 16 日，由西安开往徐州方向的 368 次列车向东一路疾驶。按运行图规定，该趟火车在杨庄站要在侧线停车 6 分钟，等待其他列车通行后再开动。然而列车司机、副司机在列车运行中打盹睡觉，运转车长撤离职守，没有监控列车运行，列车进入杨庄后，没有停车，以 40 km/h 的速度与 1 号道岔处正以 65 km/h 进站通过的 87 次旅客列车侧面相撞。

为此，郑州铁路局、郑州铁路局政治部下发文件，将每年的 12 月 16 日定为全局的安全教育日。

2.3　铁路安全生产的法律法规

2.3.1　《中华人民共和国安全生产法》

《中华人民共和国安全生产法》（以下简称《安全生产法》）是我国第一部关于安全生产领域的综合法律，是安全生产的基本大法。《安全生产法》自 2002 年颁布以来，对保障我国的安全生产，防止重大、特大事故的发生，保护从业人员的安全和健康，促进国民经济健康发展提供了法律保证，具有十分重要的意义。作为国内从事旅客和货物运输最大的国有企业，国铁集团的所有生产活动也必须要遵循《安全生产法》的所有规定。

《安全生产法》分为总则、生产经营单位的安全生产保障、从业人员的安全生产权利义务、安全生产的监督管理、生产安全事故的应急救援与调查处理、法律责任和附则 7 章共 119 条。

其中，第一部分总则明确了安全生产方针、安全生产的领导、生产经营单位及其领导人在安全生产中享有的权利与义务。

1. 安全生产方针

安全生产方针是指党和国家对安全生产工作总的要求，是安全生产工作的方向。《安全生产法》第三条明确：安全生产工作应当以人为本，坚持人民至上、生命至上，把保护人民生命安全摆在首位，树立安全发展理念，坚持"安全第一、预防为主、综合治理"的方针，从源头上防范化解重大安全风险。

"安全第一"就是在生产经营活动中，在处理保证安全与生产经营活动的关系上，要始终把安全放在首要位置，优先考虑从业人员和其他人员的人身安全，实行安全优先的原则，在确保安全的前提下，努力实现生产经营的其他目标。

"预防为主"就是按照系统化、科学化的管理思想，按照事故发生的规律和特点，千方百计预防事故的发生，做到防患于未然，将事故消灭在萌芽状态。

"综合治理"就是综合运用经济、法律行政等手段，人管、法制和技术防范多管齐下，并充分发挥社会、职工和舆论的监督作用，有效解决安全生产领域的问题。

"安全第一、预防为主、综合治理"的安全生产方针是一个有机的统一体。"安全第一"是"预防为主、综合治理"的统帅和灵魂。没有"安全第一"的思想预防为主，就失去了思想支撑，"综合治理"就失去了整治的依据。"预防为主"是实现"安全第一"的根本途径，只有把安全生产的重点放在建立事故隐患预防的体系上，超前防范，才能有效减少事故损失，实现"安全第一"。"综合治理"是落实"安全第一、预防为主"的手段和方法，只有不断健全和完善"综合治理"的工作机制，才能有效贯彻安全生产方针，真正把"安全第一、预防为主"落到实处，不断开创安全生产工作的新局面。

2. 生产经营单位及其负责人的要求

《安全生产法》第四条明确规定：生产经营单位必须遵守本法和其他有关安全生产的法律、

法规，加强安全生产管理，建立、健全安全生产责任制和安全生产规章制度，改善安全生产条件，推进安全生产标准化建设，提高安全生产水平，确保安全生产。

对于生产经营单位的负责人，第五条明确规定：生产经营单位的主要负责人是本单位安全生产的第一责任人，对本单位的安全生产工作全面负责。

对于生产经营单位的从业人员，第六条明确规定：生产经营单位的从业人员有依法获得安全生产保障的权利，并应当依法履行安全生产方面的义务。

3. 增加工会参与安全生产的监督，确保安全监管投入

《安全生产法》第七条规定：生产经营单位的工会依法组织职工参加本单位安全生产工作的民主管理和民主监督，维护职工在安全生产方面的合法权益。生产经营单位制定或者修改有关安全生产的规章制度，应当听取工会的意见。

《安全生产法》第八条规定：国务院和县级以上地方各级人民政府应当根据国民经济和社会发展规划制订安全生产规划，并组织实施。安全生产规划应当与国土空间规划等相关规划相衔接。

各级人民政府应当加强安全生产基础设施建设和安全生产监管能力建设，所需经费列入本级预算。

县级以上地方各级人民政府应当组织有关部门建立完善的安全风险评估与论证机制，按照安全风险管控要求，进行产业规划和空间布局，并对位置相邻、行业相近、业态相似的生产经营单位实施重大安全风险联防联控。

国务院交通运输、住房和城乡建设、水利、民航等有关部门依照本法和其他有关法律、行政法规的规定，在各自的职责范围内对有关行业、领域的安全生产工作实施监督管理；县级以上地方各级人民政府有关部门依照本法和其他有关法律、法规的规定，在各自的职责范围内对有关行业、领域的安全生产工作实施监督管理。对新兴行业、领域的安全生产监督管理职责不明确的，由县级以上地方各级人民政府按照业务相近的原则确定监督管理部门。

应急管理部门和对有关行业、领域的安全生产工作实施监督管理的部门，统称负有安全生产监督管理职责的部门。负有安全生产监督管理职责的部门应当相互配合、齐抓共管、信息共享、资源共用，依法加强安全生产监督管理工作。

其中《安全生产法》第二章规定了生产经营单位的安全生产保障，主要内容包括生产经营单位的主要负责人对本单位安全生产工作负有的责任及单位中有关部门的相关职责。

《安全生产法》第二十一条规定，生产经营单位的主要负责人对本单位安全生产工作负有下列职责：

（1）建立健全并落实本单位全员安全生产责任制，加强安全生产标准化建设；

（2）组织制定并实施本单位安全生产规章制度和操作规程；

（3）组织制订并实施本单位安全生产教育和培训计划；

（4）保证本单位安全生产投入的有效实施；

（5）组织建立并落实安全风险分级管控和隐患排查治理双重预防工作机制，督促、检查本单位的安全生产工作，及时消除生产安全事故隐患；

（6）组织制定并实施本单位的生产安全事故应急救援预案；

（7）及时、如实报告生产安全事故。

《安全生产法》第三章规定了从业人员的安全生产权利及义务，主要内容有：

第五十二条：生产经营单位与从业人员订立的劳动合同，应当载明有关保障从业人员劳动安全、防止职业危害的事项，以及依法为从业人员办理工伤保险的事项。

生产经营单位不得以任何形式与从业人员订立协议，免除或者减轻其对从业人员因生产安全事故伤亡依法应承担的责任。

第五十三条：生产经营单位的从业人员有权了解其作业场所和工作岗位存在的危险因素、防范措施及事故应急措施，有权对本单位的安全生产工作提出建议。

第五十四条：从业人员有权对本单位安全生产工作中存在的问题提出批评、检举、控告；有权拒绝违章指挥和强令冒险作业。

生产经营单位不得因从业人员对本单位安全生产工作提出批评、检举、控告或者拒绝违章指挥、强令冒险作业而降低其工资、福利等待遇，或者解除与其订立的劳动合同。

第五十五条：从业人员发现直接危及人身安全的紧急情况时，有权停止作业或者在采取可能的应急措施后撤离作业场所。

第五十六条：生产经营单位发生生产安全事故后，应当及时采取措施救治有关人员。

因生产安全事故受到损害的从业人员，除依法享有工伤保险外，依照有关民事法律尚有获得赔偿权利的，有权提出赔偿要求。

第五十七条：从业人员在作业过程中，应当严格落实岗位安全责任，遵守本单位的安全生产规章制度和操作规程，服从管理，正确佩戴和使用劳动防护用品。

《安全生产法》第四章规定了安全生产监督管理的相关内容，主要内容有：

第六十二条：县级以上地方各级人民政府应当根据本行政区域内的安全生产状况，组织有关部门按照职责分工，对本行政区域内容易发生重大生产安全事故的生产经营单位进行严格检查。

应急管理部门应当按照分类分级监督管理的要求，制订安全生产年度监督检查计划，并按照年度监督检查计划进行监督检查，发现事故隐患，应当及时处理。

第六十三条：负有安全生产监督管理职责的部门依照有关法律、法规的规定，对涉及安全生产的事项需要审查批准（包括批准、核准、许可、注册、认证、颁发证照等，下同）或者验收的，必须严格依照有关法律、法规和国家标准或者行业标准规定的安全生产条件和程序进行审查；不符合有关法律、法规和国家标准或者行业标准规定的安全生产条件的，不得批准或者验收通过。对未依法取得批准或者验收合格的单位擅自从事有关活动的，负责行政审批的部门发现或者接到举报后应当立即予以取缔，并依法予以处理。对已经依法取得批准的单位，负责行政审批的部门发现其不再具备安全生产条件的，应当撤销原批准。

第六十四条：负有安全生产监督管理职责的部门对涉及安全生产的事项进行审查、验收，不得收取费用；不得要求接受审查、验收的单位购买其指定品牌或者指定生产、销售单位的安全设备、器材及其他产品。

第六十五条：应急管理部门和其他负有安全生产监督管理职责的部门依法开展安全生产行政执法工作，对生产经营单位执行有关安全生产的法律、法规和国家标准或者行业标准的情况进行监督检查，行使以下职权：

（1）进入生产经营单位进行检查，调阅有关资料，向有关单位和人员了解情况。

（2）对检查中发现的安全生产违法行为，当场予以纠正或者要求限期改正；对依法应当给予行政处罚的行为，依照本法和其他有关法律、行政法规的规定做出行政处罚决定。

（3）对检查中发现的事故隐患，应当责令立即排除；重大事故隐患排除前或者排除过程中无法保证安全的，应当责令从危险区域内撤出作业人员，责令暂时停产停业或者停止使用相关设施、设备；重大事故隐患排除后，经审查同意，方可恢复生产经营和使用。

（4）对有根据认为不符合保障安全生产的国家标准或者行业标准的设施、设备、器材以及违法生产、储存、使用、经营、运输的危险物品予以查封或者扣押，对违法生产、储存、使用、经营危险物品的作业场所予以查封，并依法做出处理决定。

监督检查不得影响被检查单位的正常生产经营活动。

《安全生产法》第五章主要对生产安全事故的应急救援与调查处理进行了规定，规定了安全事故发生后，报告的有关流程及时限，需报告给哪些相关负责人员及应急救援的有关流程和办法。

《安全生产法》第六章主要对安全生产相关责任人及管理人员需承担的法律责任进行了规定。对于安全生产监督管理职责部门的工作人员，就其应当承担的法律责任给予了明确。

第九十条：负有安全生产监督管理职责部门的工作人员，有下列行为之一的，给予降级或撤职的处分；构成犯罪的，依照刑法有关规定追究刑事责任。

（1）对不符合法定安全生产条件的涉及安全生产的事项予以批准或者验收通过的。

（2）发现未依法取得批准、验收的单位擅自从事有关活动或者接到举报后不予取缔或不依法予以处理的。

（3）对已经依法取得批准的单位不履行监督管理职责，发现其不再具备安全生产条件而不撤销原批准或者发现安全生产违法行为不予查处的。

（4）在监督检查中发现重大事故隐患，不依法及时处理的。负有安全生产监督管理职责部门的工作人员有前款规定以外的滥用职权、玩忽职守、徇私舞弊行为的，依法给予处分；构成犯罪的，依照刑法有关规定追究刑事责任。

对于承担安全评价、认证、检测、检验职责的机构，对其相关行为也做出了规范。

第九十二条：承担安全评价、认证、检测、检验职责的机构出具失实报告的，责令停业整顿，并处 3 万元以上 10 万元以下的罚款；给他人造成损害的，依法承担赔偿责任。

承担安全评价、认证、检测、检验职责的机构租借资质、挂靠、出具虚假报告的，没收违法所得；违法所得在 10 万元以上的，并处违法所得两倍以上五倍以下的罚款，没有违法所得或者违法所得不足 10 万元的，单处或者并处 10 万元以上 20 万元以下的罚款；对其直接负责的主管人员和其他直接责任人员处 5 万元以上 10 万元以下的罚款；给他人造成损害的，与生产经营单位承担连带赔偿责任；构成犯罪的，依照刑法有关规定追究刑事责任。对有前款违法行为的机构及其直接责任人员，吊销其相应资质和资格，五年内不得从事安全评价、认证、检测、检验等工作；情节严重的，实行终身行业和职业禁入。

对于生产经营单位的决策机构、主要负责人，对其安全投入方面也进行了规范。

第九十三条：生产经营单位的决策机构、主要负责人或者个人经营的投资人不依照本法规定保证安全生产所必需的资金投入，致使生产经营单位不具备安全生产条件的，责令限期改正，提供必需的资金；逾期未改正的，责令生产经营单位停产停业整顿。有前款违法行为，导致发生生产安全事故的，对生产经营单位的主要负责人给予撤职处分，对个人经营的投资人处 2 万元以上 20 万元以下的罚款；构成犯罪的，依照刑法有关规定追究刑事责任。

第九十五条规定了生产经营单位的主要负责人未履行本法规定的安全生产管理职责，导致发生生产安全事故的，所需承担的罚款：

（1）发生一般事故的，处上一年年收入 40%的罚款。

（2）发生较大事故的，处上一年年收入 60%的罚款。

（3）发生重大事故的，处上一年年收入 80%的罚款。

（4）发生特别重大事故的，处上一年年收入 100%的罚款。

第一百一十四条规定，发生生产安全事故，对负有责任的生产经营单位除要求其依法承担相应的赔偿等责任外，由应急管理部门依照下列规定处以罚款：

（1）发生一般事故的，处 30 万元以上 100 万元以下的罚款。

（2）发生较大事故的，处 100 万元以上 200 万元以下的罚款。

（3）发生重大事故的，处 200 万元以上 1 000 万元以下的罚款。

（4）发生特别重大事故的，处 1 000 万元以上 2 000 万元以下的罚款。

发生生产安全事故，情节特别严重、影响特别恶劣的，应急管理部门可以按照前款罚款数额的两倍以上五倍以下对负有责任的生产经营单位处以罚款。

2.3.2　《中华人民共和国铁路法》

《中华人民共和国铁路法》（以下简称《铁路法》）是为了保障铁路运输和铁路建设的顺利进行，适应社会主义现代化建设和人民生活的需要，制定的法律。

全文共分为 6 章，第一章总则，说明了《铁路法》涉及的管理范围、管理权限及相关政府管理部门的责任。

第二章铁路运输营业，规定了铁路运输企业的主要职责、铁路运输企业的责任与义务及出现了旅客或货物运输不能正常完成时需担负的相应责任。

第三章主要就铁路建设相关内容进行了规定，对铁路用地、拆迁安置、铁路轨距、铁路线路跨越河流等内容进行了明确。

第四章主要讲述了铁路安全与保护的相关内容，其中第四十六条规定：

铁路线路和铁路桥梁、涵洞两侧一定距离内，修建山塘、水库、堤坝，开挖河道、干渠，采石挖砂，打井取水，影响铁路路基稳定或者危害铁路桥梁、涵洞安全的，由县级以上地方人民政府责令停止建设或者采挖、打井等活动，限期恢复原状或者责令采取必要的安全防护措施。

在铁路线路上架设电力、通信线路，埋置电缆、管道设施，穿凿通过铁路路基的地下坑道，必须经铁路运输企业同意，并采取安全防护措施。

在铁路弯道内侧、平交道口和人行过道附近，不得修建妨碍行车瞭望的建筑物和种植妨碍行车瞭望的树木。修建妨碍行车瞭望建筑物的，由县级以上地方人民政府责令限期拆除。种植妨碍行车瞭望树木的，由县级以上地方人民政府责令有关单位或者个人限期迁移、修剪、砍伐。

第四十八条对危险品运输进行了相关规定，具体如下：

运输危险品必须按照国务院铁路主管部门的规定办理，禁止以非危险品品名托运危险品。

禁止旅客携带危险品进站上车。铁路公安人员和国务院铁路主管部门规定的铁路职工，有权对旅客携带的物品进行运输安全检查。实施运输安全检查的铁路职工应当佩戴执勤标志。

危险品的品名由国务院铁路主管部门规定并公布。

第四十九至五十三条对铁路线路进行了规定，并赋予铁路职工维护铁路线路的权利。

第四十九条：对损毁、移动铁路信号装置及其他行车设施或者在铁路线路上放置障碍物的，铁路职工有权制止，可以扭送公安机关处理。

第五十条：禁止偷乘货车、攀附行进中的列车或者击打列车。对偷乘货车、攀附行进中的列车或者击打列车的，铁路职工有权制止。

第五十一条：禁止在铁路线路上行走、坐卧。对在铁路线路上行走、坐卧的，铁路职工有权制止。

第五十二条：禁止在铁路线路两侧 20 m 以内或者铁路防护林地内放牧。对在铁路线路两侧 20 m 以内或者铁路防护林地内放牧的，铁路职工有权制止。

第五十三条：对聚众拦截列车或者聚众冲击铁路行车调度机构的，铁路职工有权制止；不听制止的，公安人员现场负责人有权命令解散；拒不解散的，公安人员现场负责人有权依照国家有关规定决定采取必要手段强行驱散，并对拒不服从的人员强行带离现场或者予以拘留。

第五章主要规定了相关法律责任，即违反了相关条款的处罚依据和处罚力度。具体如下：

第六十条：违反本法规定，携带危险品进站上车或者以非危险品品名托运危险品，导致发生重大事故的，依照刑法有关规定追究刑事责任。企事业单位、国家机关、社会团体犯本款罪的，处以罚金，对其主管人员和直接责任人员依法追究刑事责任。

携带炸药、雷管或者非法携带枪支子弹、管制刀具进站上车的，依照刑法有关规定追究刑事责任。

第六十一条：故意损毁、移动铁路行车信号装置或者在铁路线路上放置足以使列车倾覆的障碍物的，依照刑法有关规定追究刑事责任。

第六十二条：盗窃铁路线路上行车设施的零件、部件或者铁路线路上的器材，危及行车安全的，依照刑法有关规定追究刑事责任。

第六十三条：聚众拦截列车、冲击铁路行车调度机构不听制止的，对首要分子和骨干分子依照刑法有关规定追究刑事责任。

第六十四条：聚众哄抢铁路运输物资的，对首要分子和骨干分子依照刑法有关规定追究刑事责任。

铁路职工与其他人员勾结犯前款罪的，从重处罚。

第六十六条：倒卖旅客车票，构成犯罪的，依照刑法有关规定追究刑事责任。铁路职工倒卖旅客车票或者与其他人员勾结倒卖旅客车票的，依照刑法有关规定追究刑事责任。

第六十七条：违反本法规定，尚不够刑事处罚，应当给予治安管理处罚的，依照治安管理处罚法的规定处罚。

第六十八条：擅自在铁路线路上铺设平交道口、人行过道的，由铁路公安机关或者地方公安机关责令限期拆除，可以并处罚款。

第六十九条：铁路运输企业违反本法规定，多收运费、票款或者旅客、货物运输杂费的，必须将多收的费用退还付款人，无法退还的上缴国库。将多收的费用据为己有或者侵吞私分的，依照刑法有关规定追究刑事责任。

第七十条：铁路职工利用职务之便走私的，或者与其他人员勾结走私的，依照刑法有关规定追究刑事责任。

第七十一条：铁路职工玩忽职守、违反规章制度造成铁路运营事故的，滥用职权、利用办理运输业务之便谋取私利的，给予行政处分；情节严重、构成犯罪的，依照刑法有关规定追究刑事责任。

2.3.3 《铁路安全管理条例》

《铁路安全管理条例》（以下简称《条例》）是我国铁路安全进行具体管理的相关依据。铁路是我国国民经济和社会发展的重要基础设施，国家高度重视铁路安全工作。早在 1989 年，国务院就制定公布了《铁路运输安全保护条例》，2004 年又对该条例进行了全面修订，以后根据铁路发展需要又多次修订，目前版本为 2013 年 7 月 24 日国务院第 18 次常务会议通过，2014 年 1 月 1 日起施行版本。《条例》分为总则、铁路建设质量安全、铁路专用设备质量安全、铁路线路安全、铁路营运安全、监督检查、法律责任和附则共 8 章。

第一章总则，明确了制定本条例的原因和背景，明确了国家行政机关的相关职责。

第二、三章主要对铁路建设质量及铁路专用设备质量安全方面做出了明确规定。

第四章重点对铁路线路安全进行了规定，如第二十七条明确：

铁路线路两侧应当设立铁路线路安全保护区。铁路线路安全保护区的范围，从铁路线路路堤坡脚、路堑坡顶或者铁路桥梁（含铁路、道路两用桥，下同）外侧起向外的距离分别为：

（1）城市市区高速铁路为 10 m，其他铁路为 8 m。

（2）城市郊区居民居住区高速铁路为 12 m，其他铁路为 10 m。

（3）村镇居民居住区高速铁路为 15 m，其他铁路为 12 m。

（4）其他地区高速铁路为 20 m，其他铁路为 15 m。

特别针对提速后准高速及高速铁路封闭情况进行了要求：

第二十八条：设计开行 120 km/h 以上列车的铁路应当实行全封闭管理。铁路建设单位或者铁路运输企业应当按照国务院铁路行业监督管理部门的规定在铁路用地范围内设置封闭设施和警示标志。

第五章铁路运营安全则对铁路运输过程中运营部门及旅客需担负的职责进行了明确。如第六十七条规定铁路运输托运人托运货物、行李、包裹，不得有下列行为：

（1）匿报、谎报货物品名、性质、质量。

（2）在普通货物中夹带危险货物，或者在危险货物中夹带禁止配装的货物。

（3）装车、装箱超过规定质量。

第六十八条规定铁路运输企业应当对承运的货物进行安全检查，并不得有下列行为：

（1）在非危险货物办理站办理危险货物承运手续。

（2）承运未接受安全检查的货物。

（3）承运不符合安全规定、可能危害铁路运输安全的货物。

同时第七十七条对禁止实施危害铁路安全的行为进行了明确：

第七十七条：禁止实施下列危害铁路安全的行为。

（1）非法拦截列车、阻断铁路运输。

（2）扰乱铁路运输指挥调度机构以及车站、列车的正常秩序。

（3）在铁路线路上放置、遗弃障碍物。

（4）击打列车。

（5）擅自移动铁路线路上的机车车辆，或者擅自开启列车车门、违规操纵列车紧急制动设备。

（6）拆盗、损毁或者擅自移动铁路设施设备、机车车辆配件、标桩、防护设施和安全标志。

（7）在铁路线路上行走、坐卧或者在未设道口、人行过道的铁路线路上通过。

（8）擅自进入铁路线路封闭区域或者在未设置行人通道的铁路桥梁、隧道通行。

（9）擅自开启、关闭列车的货车阀、盖或者破坏施封状态。

（10）擅自开启列车中的集装箱箱门，破坏箱体、阀、盖或者施封状态。

（11）擅自松动、拆解、移动列车中的货物装载加固材料、装置和设备。

（12）钻车、扒车、跳车。

（13）从列车上抛扔杂物。

（14）在动车组列车上吸烟或者在其他列车的禁烟区域吸烟。

（15）强行登乘或者以拒绝下车等方式强占列车。

（16）冲击、堵塞、占用进出站通道或者候车区、站台。

第六章规定了铁路监管部门监督检查及事故调查处理的要求。

第七章明确了铁路建设、管理、运营各单位所需担负的法律责任。

如第八十三、八十四条分别规定："铁路建设单位和铁路建设的勘察、设计、施工、监理单位违反本条例关于铁路建设质量安全管理的规定的，由铁路监管部门依照有关工程建设、招标投标管理的法律、行政法规的规定处罚。"

"铁路建设单位未对高速铁路和地质构造复杂的铁路建设工程实行工程地质勘察监理，或者在铁路线路及其邻近区域进行铁路建设工程施工不执行铁路营业线施工安全管理规定，影响铁路运营安全的，由铁路监管部门责令改正，处10万元以上50万元以下的罚款。"

2.3.4 《中华人民共和国刑法》中涉及铁路的部分

《中华人民共和国刑法》由中华人民共和国第五届全国人民代表大会第二次会议于1979年7月1日通过，自1980年1月1日起施行。最新修订是由中华人民共和国第八届全国人民代表大会第五次会议于1997年3月14日修订，自1997年10月1日起施行。2020年12月26日，中华人民共和国第十三届全国人民代表大会常务委员会第二十四次会议通过《中华人民共和国刑法修正案（十一）》，自2021年3月1日起施行。

《中华人民共和国刑法》（以下简称《刑法》）是为了惩罚犯罪，保护人民，根据宪法，结合我国同犯罪做斗争的具体经验及实际情况，制定的法律。刑法的任务，是用刑罚同一切犯罪行为做斗争，以保卫国家安全，保卫人民民主专政的政权和社会主义制度，保护国有财产和劳动群众集体所有的财产，保护公民私人所有的财产，保护公民的人身权利、民主权利和其他权利，维护社会秩序、经济秩序，保障社会主义建设事业的顺利进行。铁路作为国家重要的交通组成部分，对铁路的破坏可能造成严重的生命财产损失，因此刑法把涉及破坏铁路安全生产的有关行为纳入其中。以下是有关条款的节选：

第一百一十六条破坏交通工具罪：破坏火车、汽车、电车、船只、航空器，足以使火车、汽车、电车、船只、航空器发生倾覆、毁坏危险，尚未造成严重后果的，处三年以上十年以下有期徒刑。

第一百一十七条破坏交通设施罪：破坏轨道、桥梁、隧道、公路、机场、航道、灯塔、标志或者进行其他破坏活动，足以使火车、汽车、电车、船只、航空器发生倾覆、毁坏危险，尚未造成严重后果的，处三年以上十年以下有期徒刑。

第一百一十九条破坏交通工具罪、破坏交通设施罪、破坏电力设备罪、破坏易燃易爆设备罪：破坏交通工具、交通设施、电力设备、燃气设备、易燃易爆设备，造成严重后果的，处十年以上有期徒刑、无期徒刑或者死刑。

过失损坏交通工具罪、过失损坏交通设施罪、过失损坏电力设备罪、过失损坏易燃易爆设备罪：过失犯前款罪的，处三年以上七年以下有期徒刑；情节较轻的，处三年以下有期徒刑或者拘役。

第一百三十二条铁路运营安全事故罪：铁路职工违反规章制度，致使发生铁路运营安全事故，造成严重后果的，处三年以下有期徒刑或者拘役；造成特别严重后果的，处三年以上七年以下有期徒刑。

第一百三十三条之二：对行驶中的公共交通工具的驾驶人员使用暴力或者抢控驾驶操纵装置，干扰公共交通工具正常行驶，危及公共安全的，处一年以下有期徒刑、拘役或者管制，并处或者单处罚金。

前款规定的驾驶人员在行驶的公共交通工具上擅离职守，与他人互殴或者殴打他人，危及公共安全的，依照前款的规定处罚。

有前两款行为，同时构成其他犯罪的，依照处罚较重的规定定罪处罚。

第一百三十四条重大责任事故罪：在生产、作业中违反有关安全管理的规定，因而发生重大伤亡事故或者造成其他严重后果的，处三年以下有期徒刑或者拘役；情节特别恶劣的，处三年以上七年以下有期徒刑。

强令违章冒险作业罪：强令他人违章冒险作业，或者明知存在重大事故隐患而不排除，仍冒险组织作业，因而发生重大伤亡事故或者造成其他严重后果的，处五年以下有期徒刑或者拘役；情节特别恶劣的，处五年以上有期徒刑。

第一百五十三条走私普通货物、物品罪：走私本法第一百五十一条、第一百五十二条、第三百四十七条规定以外的货物、物品的，根据情节轻重，分别依照下列规定处罚。

（1）走私货物、物品偷逃应缴税额较大或者一年内曾因走私被给予两次行政处罚后又走私的，处三年以下有期徒刑或者拘役，并处偷逃应缴税额一倍以上五倍以下罚金。

（2）走私货物、物品偷逃应缴税额巨大或者有其他严重情节的，处三年以上十年以下有期徒刑，并处偷逃应缴税额一倍以上五倍以下罚金。

（3）走私货物、物品偷逃应缴税额特别巨大或者有其他特别严重情节的，处十年以上有期徒刑或者无期徒刑，并处偷逃应缴税额一倍以上五倍以下罚金或者没收财产。

单位犯前款罪的，对单位判处罚金，并对其直接负责的主管人员和其他直接责任人员，处三年以下有期徒刑或者拘役；情节严重的，处三年以上十年以下有期徒刑；情节特别严重的，处十年以上有期徒刑。

对多次走私未经处理的，按照累计走私货物、物品的偷逃应缴税额处罚。

第二百二十七条伪造、倒卖伪造的有价票证罪：伪造或者倒卖伪造的车票、船票、邮票或者其他有价票证，数额较大的，处两年以下有期徒刑、拘役或者管制，并处或者单处票证价额一倍以上五倍以下罚金；数额巨大的，处两年以上七年以下有期徒刑，并处票证价额一倍以上五倍以下罚金。

倒卖车票、船票罪：倒卖车票、船票，情节严重的，处三年以下有期徒刑、拘役或者管制，并处或者单处票证价额一倍以上五倍以下罚金。

2.4　安全标志、安全色

2.4.1　安全标志

安全标志是用以表达特定安全信息的标志，由图形符号、安全色、几何形状（边框）或文字构成。安全标志共分为四种，禁止标志、警告标志、指令标志、指示标志（详见 GB 2894—2008《安全标志及其使用导则》）。

（1）禁止标志是禁止人们不安全行为的图形标志（共有 40 个），其基本形式是带斜杠的圆边，如图 2.1 和图 2.2 所示。

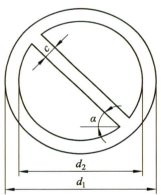

图 2.1　禁止标志的基本形式

注：外径 d_1=0.025L，内径 d_2=0.800d_1，斜杠宽 c=0.080d_1，斜杠与水平线的夹角 α=45°，L 为观察距离，详见表 2.2。

图 2.2　禁止吸烟

表 2.2　安全标志牌的尺寸　　　　　　　　　　　　　　　　　单位：m

序号	观察距离 L	圆形标志外径	三角形标志的外边长	正方形标志的边长
1	$0<L\leqslant2.5$	0.070	0.088	0.063
2	$2.5<L\leqslant4.0$	0.110	0.142	0.100
3	$4.0<L\leqslant6.3$	0.175	0.220	0.160
4	$6.3<L\leqslant10.0$	0.280	0.350	0.250
5	$10.0<L\leqslant16.0$	0.450	0.560	0.400
6	$16.0<L\leqslant25.0$	0.700	0.880	0.630
7	$25.0<L\leqslant40.0$	1.110	1.400	1.000
注：允许 3%的误差范围				

（2）警告标志是提醒人们对周围环境引起注意，以避免可能发生危险的图形标志（共有39 个），其基本形式是正三角形边框，如图 2.3 和图 2.4 所示。

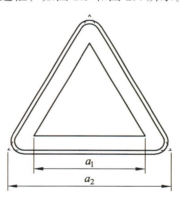

图 2.3　警告标志的基本形式

注：外边 $a_2=0.034L$，内边 $a_1=0.700a_2$，边框外角圆弧半径 $r=0.080a_1$，L 为观察距离，详见表 2.2。

图 2.4　当心触电

（3）指令标志是强制人们必须做出某种动作或采用防范措施的图形标志（共有 16 个），其基本形式是圆形边，如图 2.5 和图 2.6 所示。

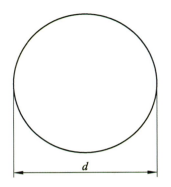

图 2.5　指令标志的基本形式

注：直径 $d=0.025L$，L 为观察距离，详见表 2.2。

图 2.6　必须戴安全帽

（4）指示标志是向人们提供某种信息（如标明安全设施或场所等）的图形标志（共有 8 个），其基本形式是正方形边，如图 2.7 所示。

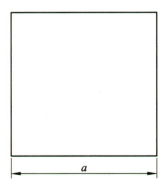

图 2.7　指示标志的基本形式

注：边长 $a=0.025L$，L 为观察距离，详见表 2.2。

提示标志提示目标的位置时要加方向辅助标志。按实际需要指示左向时，辅助标志应放在图形标志的左方；指示右向时，则应放在图形标志的右方，如图 2.8 所示。

图 2.8　紧急出口

2.4.2　安全色和对比色

安全色包括红、蓝、黄、绿 4 种颜色，对比色包括黑、白两种颜色。《安全色》（GB 2893—2008）规定了传递安全信息的颜色、安全色的测试方法和使用方法，适用于公共场所、生产经营单位。

红色是传递禁止、停止、危险或提示消防设备、设施的信息，用于各种禁止标志（参照 GB 2894—2008），交通禁令标志（参照 GB 5768.11—2009），消防设备标志（参照 GB 13495.1—2015），机械的停止按钮、刹车及停车装置的操纵手柄，机器转动部件的裸露部位，仪表刻度盘上极限位置的刻度，各种危险信号旗等。

蓝色是传递必须遵守的指令性信息，用于各种指令标志（参照 GB 2894—2008、GB 5768.3—2009）、道路交通标志和标线中指示标志（参照 GB 5768.2—2009）等。

黄色是传递注意、警告的信息，用于各种警告标志（参照 GB 2894—2008）、道路交通标志和标线中警告标志（参照 GB 5768.2—2009）、警告信号旗等。

绿色是传递安全的提示性信息，用于各种提示标志（参照 GB 2894—2008）、机器启动按钮及安全信号旗、急救站、疏散通道、避险处、应急避难场所等。

黑色用于安全标志的文字、图形符号和警告标志的几何边框。

白色用于安全标志中红、蓝、绿的背景色，也可用于安全标志的文字和图形符号。

2.4.3　安全色和对比色的使用

安全色与对比色同时使用时，应按表 2.3 所示规定搭配使用。安全色与对比色相间的条纹宽度应相等，即各占 50%，斜度与基准面成 45°，宽度一般为 100 mm；但可根据设备大小和安全标志位置的不同，采用不同的宽度，在较小的面积上其宽度可适当缩小，每种颜色不能少于两条，如表 2.3 所示。

表 2.3　安全色和对比色

安全色	对比色	作　用
红色	白色	表示禁止或提示消防设备、设施位置的安全标记
蓝色	白色	表示指令的安全标记，传递必须遵守规定的信息
黄色	黑色	表示危险位置的安全标记
绿色	白色	表示安全环境的安全标记
黑色	白色	黑色与白色互为对比色，边框与字体为黑色，背景为白色

使用安全色时要考虑周围的亮度及同其他颜色的关系，要使安全色能正确辨认。在明亮的环境中照明光源应接近自然白昼光，如 D65 光源；在黑暗的环境中为避免眩光或干扰应减少亮度。

2.4.4　文字辅助标志

文字辅助标志的基本形式是矩形边框，有横写和竖写两种形式。

横写时，文字辅助标志写在标志的下方，可以和标志连在一起，也可以分开。禁止标志、指令标志为白色字；警告标志为黑色字。禁止标志、指令标志衬底色为标志的颜色，警告标志衬底色为白色，如图 2.9 所示。

禁止通行
traffic prohibited

注 意 安 全

图 2.9　文字辅助横写

竖写时，文字辅助标志写在标志杆的上部。禁止标志、警告标志、指令标志、提示标志均为白色衬底，黑色字。标志杆下部色带的颜色应和标志的颜色相一致，如图 2.10 所示。

安全标志牌的固定方式分附着式、悬挂式和柱式三种。悬挂式和附着式的固定应稳固不倾斜，柱式的标志牌和支架应牢固地连接在一起。多个安全标志牌在一起设置时，应按警告、禁止、指令、提示类型的顺序，先左后右、先上后下地排列。日常检修与维护要求如下：

（1）安全标志牌至少每半年检查一次，如发现有破损、变形、褪色等不符合要求时，应及时修整或更换。

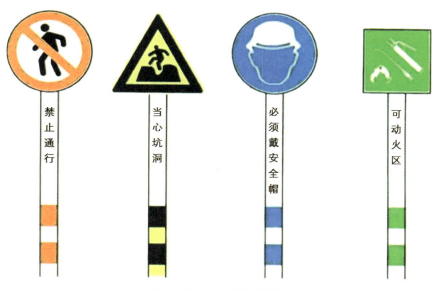

图 2.10　文字辅助竖写

（2）凡涂有安全色的部位，每半年应检查一次，应保持整洁、明亮，如有变色、褪色等不符合安全色范围，逆反射系数低于 70% 或使用环境改变时，应及时重涂或更换，以保证安全色的正确、醒目，以达到安全警示的目的。

（3）在修整或更换激光安全标志时，应有临时的标志替换。

2.5　电气化铁路安全

2.5.1　电气化铁路牵引供电系统

将电能从电力系统传送到电力机车的电力设备总称为电气化铁道供电系统（power supply system for electrified railway），通常包括两大部分，即对沿线、牵引变电所输送电力的外部供电系统；以及从牵引变电所经降压、变相或换流（转换为直流电）后，向电力机车、动车组供电的交、直流牵引供电系统。其作用为电力系统经高压输电、牵引变电所降压、变相或换流等环节，向电气化铁道运行的电力机车、动车组输送电力。

牵引供电系统主要包括牵引变电所和接触网两部分，由铁路相关部门负责管理，其原理如图 2.11 所示。

2.5.2　电气化铁路的主要安全隐患

从事电气化铁路生产运输从业人员主要的安全隐患有触电伤害、高处坠落伤害及机车车辆伤害三类。

1. 触电伤害

我国电气化铁路采用单相工频交流供电制式，架设在铁路线路上空的接触网额定电压为

25 kV，允许波动范围为 19 ~ 29 kV，远远超过我国民用安全电压 36 V 的标准。作业时如作业人员或作业人员所持设备、工具在无绝缘保护的情况下不慎接触到接触网，极易发生触电伤害。我国自第一条电气化铁路开行以来，作业人员因违反操作规程或劳动纪律导致的触电伤亡事故屡屡发生，触电伤害是电气化铁路主要的安全隐患之一。

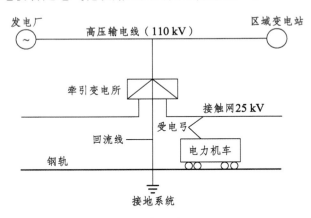

图 2.11　牵引供电系统

2. 高处坠落伤害

高处坠落事故对人体伤害坠落方式，因高处作业者工作时所处部位不一样而有所区别，其主要是：因蹬踏物质强度不够，突然断裂；高处作业移动位置时，踏空、失稳；高处作业时，因为站立位置不妥或操作失误被移动物体碰撞坠落等。电气化铁路的接触网和电力机车、动车组的受电弓设备均为室外露天设置的设备，常年处于风吹、日晒、雨淋的自然环境下，容易发生故障，需要进行经常性维护，作业人员在铁杆、电杆、设备、构架等其他各种物体上进行作业时，极易发生高处坠落事故。发生高处坠落事故的主要原因是：作业人员缺乏高处作业安全技术知识；防高处坠落安全设施、设备不健全；高处作业环境恶劣影响；安全管理上存在缺点等。

3. 机车车辆伤害

机车车辆伤害事故的主要隐患有：作业人员安全思想不牢，违章抢道，走道心，钻车底；自我保护意识不强，违章跳车、爬车，以车代步，盲目图快，避让不及，下道不及时；作业防护不到位，作业中不加保护措施，线路上作业不设防护或防护不到位等。

2.5.3　电气化铁路安全常识

《电气化铁路有关人员电气安全规则》（铁运〔2013〕60 号）是铁道部于 2013 年 3 月 13 日公布的，共分 11 章 52 条。

（1）总则。总则指出为保证电气化铁路沿线有关人员人身安全，防止触电伤亡事故，而特制定本规则。牵引供电专业人员遵守本规则和牵引供电的专业规定。对于违反本规则的单位和人员，按有关规定追究其责任。

（2）一般安全规定。规定了除牵引供电专业人员按规定作业外，任何人员及所携带的物件、作业工器具等须与牵引供电设备高压带电部分保持 2 m 以上的距离，与回流线、架空地线、保护线保持 1 m 以上的距离，距离不足时，牵引供电设备须停电。同时还对电气化区段机械设备施工装卸作业、上水保洁施工作业、牵引供电设备故障等具体场景的安全措施进行了明确。

（3）明确各专业作业相关安全规定，包括接发列车及调车作业安全规定，货运、装卸作业安全规定，机车、动车、车辆作业安全规定，工务作业安全规定，电务作业安全规定，牵引供电、电力作业安全规定，电气化铁路附近消防安全规定，车辆行人通过道口安全规定，其他安全规定等。

2.5.4　电气化铁路安全事故案例

【案例一】××铁路局××供电段××接触网工触电事故

事故概况：

2006 年，××铁路局接触网工区按照维修作业计划，在××区间进行停电维修作业，两名接触网工分别在 3 号大桥上的 4 号、5 号支柱上进行腕臂螺母涂油作业。4 号支柱作业完毕，一名接触网工下地，另一名接触网工继续在 5 号支柱作业。此时监护人员没有跟进监护，该接触网工登上回流线肩架，超出作业范围，被另一路高压电击中，造成触电死亡。

事故原因：

（1）未执行安全规章。一是没有认真执行《接触网安全工作规程》关于停电作业时，作业人员（包括所持的机具、材料、零部件等）与周围带电设备的距离不得小于 2 m（27.5 kV 和 35 kV 为 1 m）的规定，擅自登上回流线肩架，超出作业范围作业，导致头部触及带电的供电线；二是未能认真执行工区工前会和工作票布置的安全措施（即随时要与同杆架设的相邻供电臂保持足够的安全距离）；三是违反《××供电段语言式近电报警安全帽管理办法》的有关规定，擅自关闭近电安全帽的报警开关。

（2）安全监护不到位。作业中安全措施没有明确到位，分工不合理，作业内容不够具体。一是监护人安全责任心不强，监护过程中，不能把握监护重点，未履行好监护职责，严重失职；二是工作领导人分工不合理，特殊作业环境下未增加监护人，工前会和收工会强调安全措施不具体，针对性不强；三是发票人所安排的作业内容中虽有"桥梁设备检修"作业内容，但填写不具体、不明确，这是造成本起事故的重要原因。

【案例二】××供电段××供电车间触电事故

事故概况：

2011 年，××铁路局接触网工区 1 名接触网工，在××站 8～12 号支柱处进行拆除负荷隔离开关引线作业时，被感应电击中，所系安全带将该接触网工挂在负荷开关角钢上，经送医院抢救无效死亡，构成触电死亡事故。

事故原因：

（1）擅自变更作业计划。××接触网工区工长在未得到车间主要管理人员明确指令下随意变更计划，在计划变更后，违反了《接触网安全工作规程》规定，没有及时更换工作票，制定有针对性的安全措施，导致施工作业混乱。同时在施工开始后，工作领导人未明确通知作业开始，就离开作业现场，违反了《接触网安全工作规程》规定，未对现场作业的安全措施进行确认检查，未时刻在场监督作业组成员的作业安全，这些是造成事故的主要原因。

（2）作业过程错误。作业车平台监控人员未按规定正确挂设等位线，违反了《接触网安全工作规程》的规定，导致等位线错误设置，没有起到应有的防护作用，这些是造成事故的重要原因。

【案例三】盲目登顶查故障，侵入限界电击亡

事故概况：

2008 年，××车辆工厂 1 名接车员，在××车辆段客车技检场检修 2 道，对故障车辆实施售后服务，盲目从车辆通往顶部的车梯攀登至该车顶部查看故障，侵入检修 2 道上方带有 25 kV 高压电接触网的安全限界，被电击死亡，构成责任触电死亡事故。

事故原因：

接车员盲目冒险，在未确认车辆是否停于无电区，擅自打开车辆端部装设的"禁止攀登挡板盒"登上车辆顶部作业，在未办理登顶相关手续确认安全的情况下，盲目攀登，其行为违反了《电气化铁路有关人员电气安全规则》等有关规定，这是造成该起事故的直接原因和主要原因。

2.5.5　用电安全

随着电能应用的不断拓展，以电能为介质的各种电气设备广泛进入企业、社会和家庭生活中。自从 1975 年我国第一条电气化铁路——宝成铁路的全线贯通以来，中国铁路电气化进程取得了骄人的成就。电气设备使得我们的生活和生产得到了革命性的变革，但与此同时，电气化所带来的安全风险也不容忽视。不管是在铁路系统还是其他行业，电气化安全事故时有发生。为了防止电气化安全事故，实现用电安全，除了专业人员对电网本身的安全进行保护外，每一个人都要重视用电的安全问题。因此，学习安全用电基本知识，掌握常规触电防护技术，是保证用电安全的有效途径。

电气危害有两个方面：一方面是对系统自身的危害，如短路、过电压、绝缘老化等；另一方面是对用电设备、环境和人员的危害，如触电、电气火灾、电压异常升高造成用电设备损坏等，其中尤以触电和电气火灾危害最为严重。触电可直接导致人员伤残、死亡。另外，静电产生的危害也不能忽视，它是电气火灾的原因之一，对电子设备的危害也很大。

1. 触电危害

触电是指人体触及带电体后，电流对人体造成的伤害。它有两种类型：电伤和电击。

1）电伤

电伤是指电流的热效应、化学效应、机械效应及电流本身作用造成的人体伤害。电伤会在皮肤表面留下明显的伤痕，常见的有灼伤、电烙伤和皮肤金属化等现象，其他如机械性损伤、电光眼等也属于电伤范围。

2）电击

电击是指电流通过人体内部，破坏人体内部组织，影响呼吸系统、心脏及神经系统的正常功能，甚至危及生命。电流对人体内部组织的伤害，是最危险的，85%以上的触电死亡事故是电击造成的。在触电事故中，电击和电伤常会同时发生。

3）有关触电危险程度的因素

（1）电流大小对人体的影响

通过人体的电流越大，人体的生理反应就越明显，感应就越强烈，引起心室颤动所需的时间就越短，致命的危害就越大。按照通过人体电流的大小和人体所呈现的不同状态，工频交流电大致分为下列三种：

① 感觉电流：引起人的感觉的最小电流（1～3 mA）。

② 摆脱电流：人体触电后能自主摆脱电源的最大电流（10 mA）。

③ 致命电流：在较短的时间内危及生命的最小电流（30 mA）。

（2）电流的类型

工频交流电的危害性大于直流电，因为交流电主要是麻痹破坏神经系统，往往难以自主摆脱。一般认为 40～60 Hz 的交流电对人最危险。随着频率的增加，危险性将降低。当电源频率大于 2 000 Hz 时，所产生的损害明显减小，甚至还能用于医学理疗，但高压高频电流对人体仍然是十分危险的。

（3）电流作用时间

人体触电，通过电流的时间越长，越易造成心室颤动，生命危险性就越大。据统计，常见的触电 1～5 min 内急救，90%有良好的效果，10 min 内有 60%的救生率，超过 15 min 希望甚微。

在日常家用单相电路及工作用三相电路上应用触电保护器能有效防止触电。触电保护器的一个主要指标就是额定断开时间与电流乘积小于 30 mA·s。实际产品一般额定动作电流为 30 mA，动作时间为 0.1 s，故小于 30 mA·s，可有效防止触电事故。

（4）电流路径

电流通过头部可使人昏迷；通过脊髓可能导致瘫痪；通过心脏会造成心跳停止，血液循环中断；通过呼吸系统会造成窒息。因此，从左手到胸部是最危险的电流路径；从手到手、从手到脚也是很危险的电流路径；从脚到脚是危险性较小的电流路径。

（5）人体电阻

人体电阻是不确定的电阻，皮肤干燥时一般为 100 kΩ 左右，而一旦潮湿可降到 1 kΩ。人体不同，对电流的敏感程度也不一样，一般来说，儿童较成年人敏感，女性较男性敏感。患有心脏病者，触电后死亡的可能性就更大。

（6）安全电压

安全电压是指人体不戴任何防护设备时，触及带电体不受电击或电伤。人体触电的本质是电流通过人体产生了有害效应，然而触电的形式通常都是人体的两部分同时触及了带电体，而且这两个带电体之间存在电位差。因此在电击防护措施中，要将流过人体的电流限制在无危险范围内，也即将人体能触及的电压限制在安全的范围内。国家标准制定了安全电压系列，称为安全电压等级或额定值，这些额定值指的是交流有效值，分别为 42 V、36 V、24 V、12 V、6 V 等几种。

2. 常见的触电原因

人体触电的主要原因有两种：直接或间接接触带电体以及跨步电压。直接接触又可分为单极接触和双极接触。

1）单极触电

当人站在地面上或其他接地体上，人体的某一部位触及一相带电体时，电流通过人体流入大地（或中性线），称为单极触电，如图 2.12 所示。图 2.13 为电源中性点接地运行方式时，单相的触电电流途径。图 2.14 为中性点不接地的单相触电情况。一般情况下，接地电网里的单相触电比不直接接地电网里的危险性大。要避免单极触电，操作时必须穿上胶鞋或站在干燥的木凳（绝缘物）上。

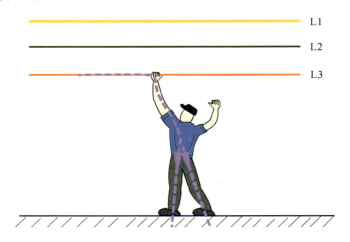

图 2.12　单极触电

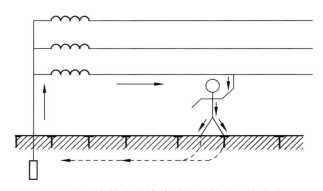

图 2.13　中性点直接接地电网触电电流方向

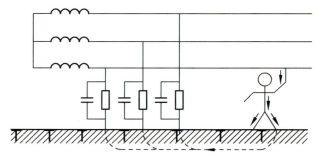

图 2.14　中性点不直接接地电网触电电流方向

2）双极触电

双极触电是指人体两处同时触及同一电源的两相带电体，以及在高压系统中，人体距离高压带电体小于规定的安全距离，造成电弧放电时，电流从一相导体流入另一相导体的触电方式，如图 2.15 所示，其电流方向如图 2.16 所示。双极触电加在人体上的电压为线电压，因此不论电网的中性点接地与否，其触电的危险性都最大。在工作中，如遇三相电路系统，在接线或操作时，一定要避免两相电路同时作业，以免造成双极触电。

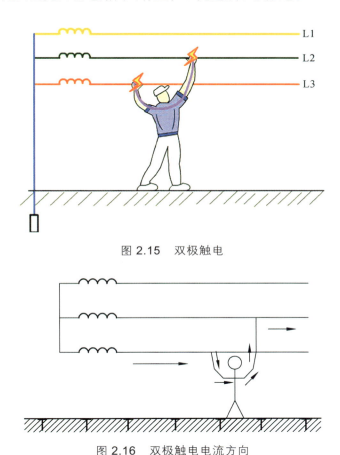

图 2.15　双极触电

图 2.16　双极触电电流方向

3）跨步电压触电

当带电体意外接地时（例如接触网断线耷拉在地上），有电流向大地流散。在以接地点为圆心，半径 20 m 的圆面积内形成分布电位，如图 2.17 所示。人站在接地点周围，两脚之间（以 0.8 m 计算）的电位差称为跨步电压，如图 2.18 所示，由此引起的触电事故称为跨步电压触电。高压故障接地处，或有大电流流过的接地装置附近都可能出现较高的跨步电压。对于铁路牵引供电设备（电压 25 kV），一般 10 m 以外就没有危险，对于日常生活中的高压电（电压 110 kV），一般建议距离为 20 m。当遭遇跨步电压触电时，根据图 2.17 中的电压分布曲线可知：离接地点越近、两脚距离越大，跨步电压值就越大。因此我们必须：① 远离接地点；② 减小两脚之间的距离。正确的做法是立即并拢双脚，沿着半径方向跳离接地点，直至安全距离以上。这里不建议采用单脚跳离，因为双脚和单脚在半径方向上的距离并没有太大的区别，也就是人体所受的电位差并没有太大的差异，而且单脚跳跃容易失衡，一旦失衡跨步或者摔倒，人体瞬间将承受大跨度的电位差，这是非常危险的。

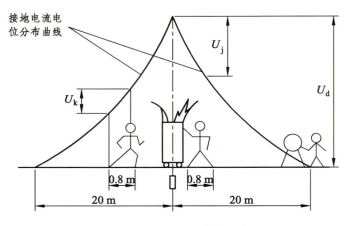

图 2.17　跨步电压电位差分布图

图 2.18　跨步电压触电

4）剩余电荷触电

剩余电荷触电是指当人触及带有剩余电荷的设备时（特别是带大电容的设备），带有电荷的设备对人体放电造成的触电事故。设备带有剩余电荷，通常是由于检修人员在检修中摇表测量停电后的并联电容器、电力电缆、电力变压器及大容量电动机等设备时，检修前后没有对其充分放电所造成的；同时在铁路机车车辆检修时，电力机车、动车组等，在受电弓降弓、接触网断电后没有及时对机车车辆本身进行升弓放电，直接对相关的电力设备进行检修，这也会造成非常危险的触电事故。

3. 防止触电

产生触电事故的原因：

（1）缺乏用电常识，触及带电的导线。

（2）没有遵守操作规程，人体直接与带电体部分接触。

（3）由于用电设备管理不当，使绝缘损坏，发生漏电，人体碰触漏电设备外壳。

（4）高压线路落地，造成跨步电压引起对人体的伤害。

（5）检修中，安全组织措施和安全技术措施不完善，接线错误，造成触电事故。

（6）其他偶然因素，如人体受雷击等。

1）安全制度

（1）在电气设备的设计、制造、安装、运行、使用和维护以及专用保护装置的配置等环节中，要严格遵守国家规定的标准和法规。

（2）加强安全教育，普及安全用电知识。

（3）建立健全安全规章制度，如安全操作规程、电气安装规程、运行管理规程、维护检修制度等，并在实际工作中严格执行。

2）安全措施

（1）断电：除专业电力专业工作人员在特殊情况下需要带电操作以外，其他人员在电力故障排查检修或遇其他情况需对电路带电部分进行作业时，必须断电；电力机车及动车组检修人员在登顶检修前，必须确认接触网已断电、接地杆已设置。

（2）验电：低压电路可用验电笔，高压电路可用验电器进行是否有电测验。在测验时，除了正确使用验电笔和验电器之外，一定要在验电前对验电笔和验电器进行有效性测试，如拿验电笔测一个带电的插座，确保验电笔作用良好。

（3）远离：身体任何部位以及与身体所直接接触的任何物件，必须按照有关规定离开相关带电体，以达到要求的距离。如自身无法确认距离是否安全（特别是面对高压带电体时），则依照一切导向安全原则，离开越远越好。

（4）绝缘：隔离开关操作前，操作人员必须按规定穿戴好绝缘靴和绝缘手套，确认开关及其操作机构正常，接地线良好，方准按程序操作。其他有可能与带电体接触的作业需在作业地点铺设干燥的橡胶绝缘垫或作业人员穿高压绝缘靴进行，各种绝缘工具应有合格证并定期进行耐压试验。

（5）接地：在牵引供电设备断电后，必须设置可靠接地，以防意外供电。在同一根导线两接地点相隔较远时，需按要求在间隔相应的距离设置接地线。在接地系统维修时，需设置另外的接地线才能断开接地系统的接地连接。

（6）引线：在连接两个有可能存在导致触电事故电位差的导体前，需在两导体之间引一根导线，将其电位差降至零。例如更换钢轨或者连接断股电缆时，需将被连接的两根钢轨和电缆先用引线连接，再进行下一步作业。

此外，对电气设备还应采取下列安全措施：

① 电气设备的金属外壳要采取保护接地或接零。

② 安装自动断电装置（如采用漏电保护器）。

③ 尽可能采用安全电压。

④ 保证电气设备具有良好的绝缘性能。

⑤ 采用电气安全用具。

⑥ 设立保护装置。

⑦ 设置隔离装置，保证人或物与带电体的安全距离。

⑧ 定期检查用电设备的性能及线路状态。

2.6 劳动安全和劳动保护

《铁路技术管理规程》（铁总科技 172 号）于 2014 年 5 月 27 日经总经理办公会审议通过，自 2014 年 11 月 1 日起施行。

《铁路技术管理规程》（以下简称《技规》）分为总则、技术设备、行车组织、信号显示（普速铁路部分共 19 章 462 条、高速铁路部分共 25 章 498 条），规定了铁路的基本建设、产品制造、验收交接、使用管理及保养维修方面的基本要求和标准；规定了各部门、各单位、各工种在从事铁路运输生产时，必须遵循的基本原则、责任范围、工作方法、作业程序和相互关系；规定了信号的显示方式和执行要求；明确了铁路工作人员的主要职责和必须具备的基本条件。

《技规》要求铁路职工必须严格遵守和执行本规程的规定，在自己的职务范围内，以对国家和人民极端负责的态度，保证安全生产。特别要求铁路行车有关人员，接班前须充分休息，严禁饮酒；在执行职务时，必须坚守岗位，穿着规定的服装，佩戴易于识别的证章或携带相应的证件，讲普通话。原铁道部制定了《铁路运输系统作业人员劳动安全关键点控制措施》，分为通用控制措施和具体控制措施两大部分。通用控制措施规定在铁路既有线从事作业的所有人员，必须认真落实下列劳动安全控制措施。

（1）严格遵守劳动纪律和作业纪律，认真执行保休制度，班前充分休息，严禁班前、班中饮酒；严禁脱岗、串岗、私自替班或换班，不得做与工作无关的事情。

（2）新上岗、转岗、提职职工必须进行单位、车间、班组三级安全教育及其他规定的安全教育，经培训考试合格后，方准上岗单独作业。学徒工、实习人员、干部在参加劳动、学习期间，不准单独顶岗。

（3）行车、特种作业人员，机械设备、工具操作人员，须经专业安全技术培训考试合格后，方准持证上岗。

（4）作业中必须按规定着装、佩戴防护用品和正确使用防护用具，严格执行安全技术操作规程。

（5）横越线路时，必须做到"一站、二看、三通过"，严禁抢越、钻车或穿越两车间隙，严禁在道心或枕木上行走，严禁扒乘机车车辆以车代步。

（6）上道检修人员应配备自动报警或通信联络工具，在设有来车报警设备的区段作业时，应按规定使用报警设备。接到来车通知后，必须停止作业，迅速撤离到安全地带待避车辆。

（7）电气化区段作业人员除落实上述措施外，还应严格执行《电气化铁路有关人员电气化安全规则》。

复习思考题

1.《中华人民共和国铁路法》主要有哪些内容？全文分为哪几章？各章节主要规定了哪方面的内容？

2. 请举例说明铁路事故的危害性。

3. 遇到跨步电压触电时，我们该怎么做？

4. 当你横越铁路线路时，必须做到什么？

第3章　铁路行车安全保障体系认知

通过本章学习，初步了解铁路运输安全保障体系，掌握铁路安全管理法律体系、铁路安全管理技术体系及铁路运输从业人员素质和培训要求。

铁路运输由于受气候和自然条件影响较小，且运输能力及单车装载量太大，在运输的经常性和低成本性上占据了优势，再加上有多种类型的车辆，使它几乎能承运任何商品，几乎可以不受质量和容积的限制，而这些都是公路和航空运输方式所不能比拟的。铁路交通运输行业的重要作用体现在以下几个方面：

经济方面：能加快资源开发、物资输出；铁路的辐射作用可加快对外开放，促进外向型经济发展；能带动第三产业发展，开辟旅游热线，使该地丰富的旅游资源得到开发，并能带动该地区相关产业，乃至整个第三产业的发展。

交通区位：能加快对外开放，发展外向型经济；能发展对外贸易和边境贸易，开拓国际市场，参与国际分工，促进国际区域经济合作。

国防战略：在战时对巩固国防、保卫边疆很重要。

铁路运输对国民经济、社会发展、民族团结、国防战略等各方面都十分重要。但是世界上第一条铁路在英国通车后不久，1830 年 9 月在瑞因罕尔发生"火箭"号机车撞死一人的事故，这是第一起铁路运输行车事故。这说明自铁路运输产生以来，铁路运输的安全问题也随之而来。随着列车运输速度的提高，铁路运输生产安全压力也随之增大。

铁路运输的安全状况也反映出铁路的管理水平、设备质量、人力资源的素质和社会秩序的状况。为了加强铁路运输安全管理，保障铁路运输安全和畅通，保护人身安全、财产安全及其他合法权益，我国制定了《中华人民共和国铁路法》和《铁路安全管理条例》等一系列法规制度，为铁路运输安全提供制度保证。

3.1　铁路行车安全保障体系基本知识认知

铁路行车安全保障体系从实践操作上看，包括铁路行车安全保障的法律体系、铁路行车安全技术保障体系、行车安全教育与专业技能培训体系、铁路行车安全监察体系 4 个方面。

铁路行车安全保障体系从框架结构上看，是一个以"行车系统人员"为核心、"管理"为中枢、"行车设备"为基础、"环境"为条件的实时监控的、开放的"人-机-环境"动态控制体系。该体系一方面要通过先进的信息技术、数据通信传输技术、现代控制技术等安全技术群，实现对铁路行车安全（包括行车人员、行车设备和环境安全）的保障；另一方面要在铁路发生行车事故时，能采取必要的应急措施迅速进行事故救援。铁路行车安全保障体系具有较强的时效性和可操作性，主要包括行车人员安全保障系统、设施设备安全保障系统、环境安全报警保障系统和行车安全应急救援系统等部分。

3.1.1　行车人员安全保障系统

铁路行车人员主要指车、机、工、电、辆等各部门的领导人员和基层作业人员，其行为决定相当一部分系统性能。人和设备都是行车安全保障体系的基本要素，人操纵、控制、监督各项设备，完成各项行车作业，并与环境系统进行信息交流，在发生行车事故时做出果断决策。因此，行车人员的安全意识是行车安全保障体系发挥作用的前提和基础。

考虑到铁路行车安全具有动态性、反复性、严重性等特点，所以必须对行车人员进行安全教育和岗位技能培训。可以结合人身安全教育、事故案例、事故预防分析，以及导致事故的各种直接、间接原因和相互内在联系的深入分析，使行车人员牢固树立"安全第一"的思想，认识到不安全因素随时存在。同时，岗位技能培训也是人员安全保障系统的重要组成部分，岗位技能水平、作业标准执行情况直接影响行车安全。针对铁路列车进一步提速的要求，考虑山区铁路由于坡度大、曲线多、半径小等自然环境给机车驾驶带来的困难，要加强乘务员适应性方面的研究，包括出勤适应性检测、驾驶感知疲劳、驾驶行为疲劳、驾驶失衡疲劳、驾驶可靠性、职业适应性等。另外，应当加强行车人员在缺氧和高寒条件（如青藏铁路）下劳动保护和医疗保健等方面的研究。

3.1.2　设施设备安全保障系统

设施设备安全保障系统的功能是以铁路行车安全畅通为目标，按照"以设备保安全"的思路，利用分散安装在各个地点的设施设备，通过现代成熟的监测控制技术，及时准确地采集和收集各种铁路行车信息，并结合计算机及网络技术的应用，对铁路行车安全相关的因素进行全方位监控，通过安全可靠性模型处理，将收集到的信息利用数据挖掘手段进行深层次的分析，对安全信息做到及时反馈，使铁路行车安全有序可控。总之是在设备自检、相互监测形成安全监控网络的基础上，动态实时地对危及行车安全的因素进行监测，建立"机控为主，人控优先"的人机联控安全系统。按照各监测设备的方位进行设施设备技术群的系统整合，建立包括"地对车、车对地、地对地、车对车"4 个相互匹配环节的闭路循环监测子系统（也可以按传统的车、机、工、电、辆等部门进行系统整合），体现出"数字铁路"的概念。

"地对车"子系统包括货物列车超限超偏载检测、红外线轴温监测、车轮踏面擦伤检测等；"车对地"监测子系统包括轨道动态检测单元（晃车仪）、机车信号记录仪、综合检测车等；"地对地"监测子系统包括车站微机联锁监测、道岔状态监测、轨道电路监测、牵引供电监测、道口安全监测、桥梁和隧道监测等；"车对车"监测子系统包括列尾装置监测、列车运行监控记录装置、机车轴温监测、机车故障监测、列车运行品质动态监测、旅客列车车载安全监测等。应当指出，各设施设备是整个行车保障体系的信息源点，它们在现场布设的合理性将直接影响到整个保障体系的有效性。因此，要按照均衡性、经济性、针对性、便利性、选择性等原则统筹安排，综合考虑检测设施设备的布点方案。

3.1.3 环境安全报警保障系统

环境安全报警保障系统是主要针对自然环境对行车安全的影响采取必要措施。铁路运输处于全天候的自然环境中，大风、洪水、雪害、雷电、塌方、滑坡等会对行车安全造成危害，我国铁路目前还未形成完善的自然灾害监测报警系统，对自然灾害的抵御能力较差。因此，要通过安装环境监测报警设备，在环境变化达到临界状态前给出报警。该系统包括沿线地质信息、气候信息、水文信息等子系统。沿线地质信息子系统是针对铁路沿线的地质情况，有针对性地监测地震、泥石流、山体滑坡等地质灾害，及时发布紧急信息，确保行车安全。沿线气候信息子系统主要对沿线特殊地段的风速和雪害进行监测，当超过安全行车范围时发布紧急信息。沿线水文信息子系统重点监测汛期易发生特大洪水和暴雨的地段，及时发现危及行车安全的汛情。

据不完全统计，全国铁路沿线分布有泥石流沟 1 386 条，大中型滑坡 1 000 多处，崩塌近万处。20 多条铁路干线、60 多个车站曾受到地质灾害的严重威胁，这些灾害主要出现在山区。因此在行车安全保障体系中应重点完善山区铁路的环境监测报警系统，并要形成网络。可以借鉴国内外先进的环境报警技术，针对山区铁路隧道、桥梁、山体滑坡、落石、泥石流、水害等进行集中监测，确保铁路行车安全。

3.1.4 行车安全应急救援系统

目前，我国铁路救援工作大多是依靠经验，行车事故发生后往往由于信息传递不够详细，方案制定不够准确，造成救援工作混乱，救援效率低下。行车安全应急救援系统以行车事故发生后尽快消除事故影响，迅速恢复线路畅通，提高救援效率为目的。该系统通过 DMIS（铁路调度管理信息系统）、卫星云图、动态图像传输系统和 RGIS（铁路地理信息系统）等，及时掌握事故和灾害情况，以及事故现场的地形、地貌和设备状况，实施快速救援，减少事故、灾害损失，尽快恢复列车运行。系统包括行车事故数据库、铁路设备地理信息、事故救援决策支持及行车救援等子系统。

行车事故数据库收集和存储了多年来行车事故的人员、设备、环境及其他信息，包括事故类型、概况、时间、地点、直接作业人员、主要和次要责任者、事故原因、直接经济损失、事故设备状况、事故后跟踪管理等信息；可以进行事故查询，提供事故分析报告，包括事故发生原因、性质和后果，处理意见，防止措施等内容，这些内容也是对行车人员进行安全教育不可缺少的内容。

设备地理信息子系统通过地图与信息相结合的方式，全面、直观、准确反映铁路设备的分布、现状及技术特征，为行车事故救援工作提供全新的技术手段。按照我国铁路的管理模式，子系统包括铁路局概况图、桥隧概况图、救援列车设备概况图、车站平面图、枢纽示意图等，可以采用空间导航、地址匹配等定位方式，使用户快速地定位，显示行车设备图，为行车事故救援提供决策依据。事故救援决策支持子系统将事故现场信息通过系统内部推理，结合汇集尽可能多的专家救援经验知识库，根据事故地点机车车辆脱轨或颠覆状况、线路损坏和救援设备等条件，快速推理并制定出合理、有效、准确、符合现场实际的救援方案，克服经验决策的局限性，必要时能对推出的方案进行解释。系统内的知识库主要存放事故救援专门知识、线路详细情况及救援力量分布等，可以采用正向逻辑推理，通过将用户输入的原始事故信息与知识库中规则的前提条件进行匹配得出结论，这也是该子系统建立的难点所在。行车救援子系统包括消防车、医疗救护、公安、救援列车和综合维修基地，其中综合维修基地又由大型机械化养路段、动车拖车维修、供电接触网维修、工务维修、通信信号维修等部分综合组成。可以充分利用铁路其他系统的信息，充分掌握列车运行情况，开展综合性行车救援工作。

3.2　铁路行车安全保障法律体系认知

铁路有关安全的法律法规，是铁路运输及安全管理的法治依据，是广大员工的行动准则。

3.2.1　国家级法律、法规

安全生产法律、法规是为调整生产经营活动中有关安全生产各方关系与行为的法律规范，是为保障劳动者在生产经营活动中的安全与健康而建立的法律体系。下面主要介绍一些与劳动安全相关的国家法律、法规、规章和标准。

3.2.1.1　相关法律

我国现行的有关安全生产的专门法律有中华人民共和国《刑法》《安全生产法》《消防法》《道路交通安全法》《海上交通安全法》《矿山安全法》等；与安全生产相关的法律主要有《劳动法》《工会法》《铁路法》《公路法》《民用航空法》《港口法》《建筑法》《电力法》《刑法》等。

1.《刑法》

《中华人民共和国刑法》有关安全生产犯罪的规定主要有重大飞行事故罪、铁路运营安全事故罪、交通肇事罪、重大责任事故罪、重大劳动安全事故罪、危险物品肇事罪、重大工程安全事故罪、重大教育设施安全事故罪、消防责任事故罪等。

铁路运营安全事故罪：《中华人民共和国刑法》第一百三十二条规定，铁路职工违反规章制度，致使发生铁路运营安全事故，造成严重后果的，处三年以下有期徒刑或者拘役；造成特别严重后果的，处三年以上七年以下有期徒刑。铁路运营安全事故罪的犯罪客体是人的生命和健康；犯罪主体是铁路运营单位的职工，包括单位负责人、管理人员、作业人员和其他有关人员。客观要件是实施了违反规章制度的违法行为，致使发生铁路运营安全事故，造成严重后果；主观要件是具有违反规章制度的过失。

2.《劳动法》

《劳动法》分为总则、促进就业、劳动合同和集体合同、工作时间和休息休假、工资、劳动安全卫生、女职工和未成年工特殊保护、职业培训、社会保险和福利、劳动争议、监督检查、法律责任、附则共 13 章 107 条。

1）劳动者的权利和义务

《劳动法》第三条赋予了劳动者享有七项权利和劳动者需要履行的四项义务。

（1）七项权利

① 享有平等就业和选择职业的权利；

② 享有取得劳动报酬的权利；

③ 享有获得劳动安全卫生保护的权利；

④ 享有接受职业技能培训的权利；

⑤ 享有社会保险和福利的权利；

⑥ 享有提请劳动争议处理的权利；

⑦ 法律规定的其他劳动权利。

（2）四项义务

① 劳动者应当完成劳动任务；

② 劳动者应当提高职业技能；

③ 劳动者应当执行劳动安全卫生规程；

④ 劳动者应当遵守劳动纪律和职业道德。

2）劳动安全卫生

《劳动法》第六章规定了用人单位、从业人员和政府在安全生产中的责任和义务。第五十二、五十三、五十四条规定了用人单位必须建立、健全劳动卫生制度，严格执行国家劳动安全卫生规程和标准，对劳动者进行劳动安全卫生教育，防止劳动过程中的事故，减少职业危害。劳动安全卫生设施必须符合国家规定的标准。新建、改建、扩建工程的劳动安全卫生设施必须与主体工程同时设计、同时施工、同时投入生产和使用。用人单位必须为劳动者提供符合国家规定的劳动安全卫生条件和必要的劳动防护用品，对从事有职业危害作业的劳动者应当定期进行健康检查。第五十五、五十六条规定，从事特种作业的劳动者必须经过专门培训并取得特种作业资格。劳动者在劳动过程中必须严格遵守安全操作规程。劳动者对用人单位管理人员违章指挥、强令冒险作业，有权拒绝执行；对危害生命安全和身体健康的行为，有权提出批评、检举和控告。第五十七条规定，国家建立伤亡和职业病统计报告和处理制度。县级以上各级人民政府劳动行政部门、有关部门和用人单位应当依法对劳动者在劳动过程中发生的伤亡事故和劳动者的职业病状况，进行统计、报告和处理。

3）女职工和未成年工保护

女职工和未成年工（指年满 16 周岁未满 18 周岁）由于生理等原因不适宜从事某些危险性较大或者劳动强度较大的劳动，《劳动法》第七章明确规定对女职工和未成年工实行特殊保护。

（1）女职工保护

① 用人单位禁止安排女职工从事矿山井下、国家规定的第四级体力劳动强度的劳动和其他禁忌从事的劳动。

② 用人单位不得安排女职工在经期从事高处、低温、冷水作业和国家规定的第三级体力劳动强度的劳动。

③ 用人单位不得安排女职工在怀孕期间从事国家规定的第三级体力劳动强度的劳动和孕期禁忌从事的劳动。对怀孕七个月以上的女职工，不得安排其延长工作时间和夜班劳动。

④ 用人单位不得安排女职工在哺乳未满一周岁的婴儿期间从事国家规定的第三级体力劳动强度的劳动和哺乳期禁忌从事的其他劳动，不得安排其延长工作时间和夜班劳动。

（2）未成年工保护

① 用人单位不得安排未成年工从事矿山井下、有毒有害、国家规定的第四级体力劳动强度的劳动和其他禁忌从事的劳动。

② 用人单位应当对未成年工定期进行健康检查。

3.2.1.2　相关法规

安全生产行政法规主要有《生产安全事故报告和调查处理条例》《特种设备安全监察条例》《安全生产许可证条例》《危险化学品安全管理条例》等。

1. 铁路运输安全保护条例

铁路运输企业应当依照法律、行政法规和国务院铁路行业监督管理部门的规定，制定铁路运输安全管理制度，完善相关作业程序，保障铁路旅客和货物运输安全。

铁路机车车辆的驾驶人员应当参加国务院铁路行业监督管理部门组织的考试，考试合格后方可上岗。具体办法由国务院铁路行业监督管理部门制定。

铁路运输企业应当加强铁路专业技术岗位和主要行车工种岗位从业人员的业务培训和安全培训，提高从业人员的业务技能和安全意识。

铁路运输企业应当加强运输过程中的安全防护，使用的运输工具、装载加固设备以及其他专用设施设备应当符合国家标准、行业标准和安全要求。

铁路运输企业应当建立健全铁路设施设备的检查防护制度，加强对铁路设施设备的日常维护检修，确保铁路设施设备性能完好和安全运行。

铁路运输企业的从业人员应当按照操作规程使用、管理铁路设施设备。

在法定假日和传统节日等铁路运输高峰期或者恶劣气象条件下，铁路运输企业应当采取必要的安全应急管理措施，加强铁路运输安全检查，确保运输安全。

铁路运输企业应当在列车、车站等场所公告旅客、列车工作人员以及其他进站人员需遵守的安全管理规定。

公安机关应当按照职责分工，维护车站、列车等铁路场所和铁路沿线的治安秩序。

铁路运输企业应当按照国务院铁路行业监督管理部门的规定实施火车票实名购买、查验制度。实施火车票实名购买、查验制度的，旅客应当凭有效身份证件购票乘车；对车票所记载身份信息与所持身份证件或者真实身份不符的持票人，铁路运输企业有权拒绝其进站乘车。

铁路运输企业应当采取有效措施为旅客实名购票、乘车提供便利，并加强对旅客身份信息的保护。

铁路运输企业工作人员不得窃取、泄露旅客身份信息。

铁路运输企业应当依照法律、行政法规和国务院铁路行业监督管理部门的规定，对旅客及其随身携带、托运的行李物品进行安全检查。

从事安全检查的工作人员应当佩戴安全检查标志，依法履行安全检查职责，并有权拒绝不接受安全检查的旅客进站乘车和托运行李物品。

旅客应当接受并配合铁路运输企业在车站、列车实施的安全检查，不得违法携带、夹带管制器具，不得违法携带、托运烟花爆竹、枪支弹药等危险物品或者其他违禁物品。

禁止或者限制携带的物品种类及其数量由国务院铁路行业监督管理部门会同公安机关规定，并在车站、列车等场所公布。

运输危险货物应当依照法律法规和国家其他有关规定使用专用的设施设备，托运人应当配备必要的押运人员和应急处理器材、设备以及防护用品，并使危险货物始终处于押运人员的监管之下；危险货物发生被盗、丢失、泄漏等情况，应当按照国家有关规定及时报告。

办理危险货物运输业务的工作人员和装卸人员、押运人员，应当掌握危险货物的性质、危害特性、包装容器的使用特性和发生意外的应急措施。

铁路运输企业和托运人应当按照操作规程包装、装卸、运输危险货物，防止危险货物泄漏、爆炸。

铁路运输企业和托运人应当依照法律法规和国家其他有关规定包装、装载、押运特殊药品，防止特殊药品在运输过程中被盗、被劫或者发生丢失。

铁路管理信息系统及其设施的建设和使用，应当符合法律法规和国家其他有关规定的安全技术要求。

铁路运输企业应当建立网络与信息安全应急保障体系，并配备相应的专业技术人员负责网络和信息系统的安全管理工作。

禁止使用无线电台（站）以及其他仪器、装置干扰铁路运营指挥调度无线电频率的正常使用。

铁路运营指挥调度无线电频率受到干扰的，铁路运输企业应当立即采取排查措施并报告无线电管理机构、铁路监管部门；无线电管理机构、铁路监管部门应当依法排除干扰。

电力企业应当依法保障铁路运输所需电力的持续供应，并保证供电质量。

铁路运输企业应当加强用电安全管理，合理配置供电电源和应急自备电源。

遇有特殊情况影响铁路电力供应的，电力企业和铁路运输企业应当按照各自职责及时组织抢修，尽快恢复正常供电。

铁路运输企业应当加强铁路运营食品安全管理，遵守有关食品安全管理的法律法规和国家其他有关规定，保证食品安全。

2. 铁路交通事故应急救援和调查处理

为了加强铁路交通事故的应急救援工作，规范铁路交通事故调查处理，减少人员伤亡和财产损失，保障铁路运输安全和畅通，根据《中华人民共和国铁路法》和其他有关法律的规定，国务院制定了《铁路交通事故应急救援和调查处理条例》（国务院令第501号）。

1）铁路交通事故定义

铁路交通事故是指铁路机车车辆在运行过程中与行人、机动车、非机动车、牲畜及其他障碍物相撞，或者铁路机车车辆发生冲突、脱轨、火灾、爆炸等影响铁路正常行车的铁路交通事故。

2）铁路交通事故等级

事故等级是反映事故严重程度的指标，事故等级越高，事故就越严重。《铁路交通事故应急救援和调查处理条例》第八条中，明确根据事故造成的人员伤亡、直接经济损失、列车脱轨辆数、中断铁路行车时间等情形，将事故等级分为特别重大事故、重大事故、较大事故和一般事故。根据《铁路交通事故调查处理规则》（中华人民共和国铁道部令第 30 号），一般事故又可分为一般 A 类事故、一般 B 类事故、一般 C 类事故、一般 D 类事故 4 类。

3）事故伤害程度

铁路交通事故人员伤亡包括以下情形：发生事故造成的铁路作业人员的伤亡；持有效乘车凭证的人员（包括旅客携带的享受免费乘车待遇的儿童）的伤亡；铁路机车车辆运行和调车作业中撞轧行人或与其他道路车辆碰撞造成的人员伤亡；急性工业中毒及其他事故中造成的人员伤亡，不包括在事故抢险和救援中伤亡的人员。

轻伤：造成人员肢体、某些器官功能性或器质性轻度损伤，致使劳动能力轻度或暂时丧失的伤害。

重伤：造成人员肢体残缺或某些器官受到严重损伤，致使人体长期存在功能障碍或劳动能力有重大损失的伤害。

死亡：没有生命特征。

4）铁路交通事故报告

事故发生后，事故现场的铁路运输企业工作人员或者其他人员应当立即报告邻近铁路车站、列车调度员或者公安机关。有关单位和人员接到报告后，应当立即将事故情况报告事故发生地铁路管理机构。

铁路管理机构接到事故报告，应当尽快核实有关情况，并立即报告国务院铁路主管部门；对于特别重大事故、重大事故，国务院铁路主管部门应当立即报告国务院并通报国家安全生产监督管理等有关部门。

发生特别重大事故、重大事故、较大事故或者有人员伤亡的一般事故，铁路管理机构还应当通报事故发生地县级以上地方人民政府及其安全生产监督管理部门。

事故报告应当包括下列内容：

（1）事故发生的时间、地点、区间（线名、千米、米）、事故相关单位和人员；

（2）发生事故的列车种类、车次、部位、计长、机车型号、牵引辆数、吨数；

（3）承运旅客人数或者货物品名、装载情况；

（4）人员伤亡情况，机车车辆、线路设施、道路车辆的损坏情况，对铁路行车的影响情况；

（5）事故原因的初步判断；

（6）事故发生后采取的措施及事故控制情况；

（7）具体救援请求。

事故报告后出现新情况的，应当及时补报。

国务院铁路主管部门、铁路管理机构和铁路运输企业应当向社会公布事故报告值班电话，受理事故报告和举报。

3.2.2　工伤保险条例

为了保障因工作遭受事故伤害或者患职业病的职工获得医疗救治和经济补偿，促进工伤预防和职业康复，分散用人单位的工伤风险，国务院制定了《工伤保险条例》（国务院令 2003年第 375 号）。

1. 应当认定为工伤的情形

（1）在工作时间和工作场所内，因工作原因受到事故伤害的；

（2）工作时间前后在工作场所内，从事与工作有关的预备性或者收尾性工作受到事故伤害的；

（3）在工作时间和工作场所内，因履行工作职责受到暴力等意外伤害的；

（4）患职业病的；

（5）因工外出期间，由于工作原因受到伤害或者发生事故下落不明的；

（6）在上下班途中，受到非本人主要责任的交通事故或者城市轨道交通、客运轮渡、火车事故伤害的；

（7）法律、行政法规规定应当认定为工伤的其他情形。

2. 视同工伤的情形

（1）在工作时间和工作岗位，突发疾病死亡或者在48 h之内经抢救无效死亡的；

（2）在抢险救灾等维护国家利益、公共利益活动中受到伤害的；

（3）职工原在军队服役，因战、因公负伤致残，已取得革命伤残军人证，到用人单位后旧伤复发的。

职工有前款第（1）项、第（2）项情形的，按照本条例的有关规定享受工伤保险待遇；职工有前款第（3）项情形的，按照本条例的有关规定享受除一次性伤残补助金以外的工伤保险待遇。

3. 不得认定为工伤或者视同工伤的情形

（1）故意犯罪的；

（2）醉酒或者吸毒的；

（3）自残或者自杀的。

3.3　铁路行车安全监察体系认知

铁路行车安全监察组织结构包括国家铁路局、地区铁路监管局两级安全监察系统和安全技术中心。其职责是把握职责定位，依法行政，探索铁路安全监管工作规律，坚持把安全监管放在首位，迅速落实党中央、国务院关于安全生产领域改革发展的意见要求，铁路安全监管制度机制进一步健全，安全监察、行政执法工作进一步规范高效。铁路安全监察系统要清醒认识面临的形势任务，不断深化安全监察和行政执法。一是深入推进监督检查规范化，加强监督检查综合分析；二是强化铁路环境安全监管执法，督促企业加强问题排查整治，协调建立问题处置机制；三是加强和规范事故信息报告和应急处置，加强铁路交通事故调查处理；四是坚持严格管理、规范执法、依法公开，努力提高行政执法办案质量，加强执法办案监督指导；五是加强安全风险分析研判，丰富安全分析内容；六是夯实高铁安全防护工程数据库建设，进一步完善静态基础数据；七是坚持忠诚、干净担当，强化业务能力提升，严格执行《行车安全监察工作规则》。

（1）铁路是国民经济的大动脉，必须做到畅通无阻，四通八达，安全正点，当好先行。安全状况是管理水平和工作质量的综合反映，是铁路为人民服务根据本宗旨的首要标准。铁路具有高度集中、半军事性、各个工作环节紧密联系和协同动作的特点，保证安全是铁路准确、迅速、协调地进行运输生产活动的重要条件，是关系到四化建设速度和人民生命财产安全的严肃的政治问题。为维护铁路行车安全法规的实施，保证运输安全，在各级组织、各业务部门坚持安全第一，加强安全管理的同时，必须实行严格的监察制度。为此，在国铁集团、铁路局（工程局）设置行车安全监察机构。

（2）在国铁集团、铁路局分别设置行车安全监察机构。各级行车安全监察机构是维护行车安全法规的监督机关，其任务是：贯彻预防为主的方针，对行车安全工作实行严格的监察，维护行车安全法规，以促进路风建设，保证安全正点、优质高产地完成运输任务，提高经济效益。行车安全监察机构对行政领导、同级业务部门、各行车有关单位和行车有关人员执行行车安全法规的情况行使监察职责。

（3）国铁集团安全监察机构的职责。

① 监督检查有关安全的法律法规及企业安全工作要求的执行落实情况。

② 组织或者参与拟定本单位安全生产规章制度，督促建立、完善安全生产责任制。

③ 督导、检查铁路运输安全、设备质量安全、劳动安全、特种设备安全、劳动保护及职业健康、路外安全和铁路安全环境保护等工作。

④ 调查研究安全管理工作，推进安全风险管理，总结、推广安全管理工作经验。

⑤ 分析研判安全形势，研究安全规律，及时发布预警，开展安全隐患排查，督促隐患整治。

⑥ 负责铁路交通事故的内部管理工作。

⑦ 承担安委会办公室日常工作。

（4）铁路局行车安全监察机构的职责。

① 监督检查铁路局管辖内所属部门、单位及部属工厂贯彻执行上级领导机关颁发的安全生产方针、政策、法令、规章制度、指示和措施情况，监督检查在铁路局管内运行的外单位列车、机车、车辆、动车和轨道车，以及在管内施工的工程局、处段（队）有关行车安全情况。

② 监督检查铁路局发布的有关行车安全的规章制度、命令和措施贯彻执行情况，督促有关部门加强质量管理和安全管理。

③ 监督检查各种行车设备、防火防爆设备的养护维修和定期修理，以及确保行车安全的先进技术设备的安装、使用、管理和维修情况。

④ 监督检查行车直接有关人员的培训教育，任职、提职，技术考核鉴定及体格检查情况。

⑤ 监督检查有关部门、单位防止路外人员伤亡工作情况。

⑥ 参与制订、修订《行车组织规则》，审查有关行车安全的各种细则办法和作业标准。

⑦ 参与审查行车设备新建、改造中有关安全部门和行车安全直接有关的设计文件和施工计划，监督检查贯彻执行情况。

⑧ 根据各个时期的情况，调查研究，提出搞好行车安全的措施；对发现的不安全问题，向有关单位提出要求，限期解决；对于重要问题，向领导提出专题报告；会同有关部门总结推广安全生产经验。

⑨ 督促有关部门，根据不同时期的情况，及时采取预防性措施，保证安全。

⑩ 参加调查分析铁路行车重大、大事故，研究处理管内有争议的或铁路分局处理不当的事故；督促有关单位按照"三不放过"的原则及时正确地处理事故；监督检查有关事故救援的工作。

⑪ 统计分析全局行车事故和路外伤亡事故，总结全局行车安全工作。

⑫ 检查乘务员公寓的食宿条件、清洁卫生及乘务员遵守公寓制度等情况，发现问题向有关单位提出改进意见。

（5）工程局安全监察机构中有关行车安全的职责，可参照铁路局行车安全监察机构的职责办理。

（6）铁路局、铁路分局行车安全监察机构分别由铁路局长、铁路分局长领导，在监察业务上同时受上级行车安全监察机构领导。铁路局行车安全监察机构，对铁路局行政领导实行行车安全法规范围内的监督，发现有违反行车安全法规的情况，应如实地提出意见，加以纠正；铁路局对事故性质和责任的确定，以《铁路行车事故处理规则》为准，由行车安全监察机构提出结论性意见，由铁路局领导作业决定；如果对领导的决定有不同意见，可以向上级行车安全监察机构反映，请求予以复查处理。

（7）各级行车安全监察机构，除设领导人员外，并按照车务、客货运、机务、车辆、工务、电务、教育、路外安全和综合分析等方面的业务，设置监察人员。要建立考核制度。对德才兼备，符合条件的要适时提升；对不符合条件和级别而可以培养提高的，要做出安排，加速培养；对确实不够条件的要及时调整。要不断提高监察人员的素质，并保持监察队伍的相对稳定。

（8）行车安全监察机构的职权。

① 发现作业上违反行车安全法规时，有权加以纠正；危及行车安全者，有权立即制止，必要时可临时停止其工作，并责成有关单位议处；对不适合担当行车工作的人员，有权责成有关部门予以调整。

② 对危及行车安全的技术设备，有权向有关部门提出意见，要求限期解决；情况严重，确有发生严重事故可能时，有权采取临时扣留、封闭措施，并责成有关单位紧急处理。

③ 发现行车有关规程、规范、规则、细则、办法、设计文件和施工方案有违反《铁路技术管理规程》和其他行车安全法规时，有权通知有关单位予以纠正，必要时可停止其实施。

④ 调查处理事故中，在确定性质和责任上有分歧意见时，由各级行车安全监察机构提出结论性意见。

⑤ 有权建议，对违反行车安全法规或发生行车事故的责任人员和领导干部，给予处分；对在安全生产工作上做出成绩和防止事故的有功人员，给予表彰和奖励。

（9）行车安全监察人员的工作准则。

① 坚决执行党的路线、方针、政策和国家的法令，维护行车安全法规的严肃性。

② 预防为主，防患于未然。

③ 执法严明，刚正不阿。

④ 秉公办事，不得弄虚作假。

⑤ 坚持原则，遵守法纪。

⑥ 积极钻研业务，技术上精益求精。

　　各级行车安全监察人员如有玩忽职守，执法犯法，造成不良影响的，应给予严于其他职工的纪律处分。

　　（10）各级行车安全监察机构的总结、报告制度。

　　① 按月、季度、半年、年对行车安全工作进行总结（包括事故分析），除报主管领导外，并报上一级行车安全监察机构。

　　② 专业监察机构每半年对部门的行车安全情况进行分析总结，除报主管领导外，并报上一级行车安全监察机构。

　　③ 有关行车安全的重大问题和先进典型经验，除向主管领导报告外，并报上一级行车安全监察机构。

　　④ 各级行车安全监察机构应建立和健全计划、总结、报告、统计、分析等管理制度和资料台账，加强基础工作。

3.4　国外铁路行车安全保障体系认知

3.4.1　日本安全管理发展简介

　　日本运输业的安全管理以往主要是依靠各类法令进行安全规制，如《关于铁路的技术基准》等，企业据此制定内部规范；政府以安全监察形式对运输企业进行监督检查。2005 年，日本国内接连发生多起重大交通事故，特别是 JR 西日本公司福知山线列车脱轨，造成 107 人死亡和 549 人受伤。日本国土交通省调查后认为，运输安全管理不足和安全意识欠缺是导致问题发生的主要原因，并对行业的安全管理体制进行改革，主要措施包括：修订铁道事业法等相关法律；设立运输安全政策审议官等新的安全职能机构；在运输行业内引入"运输安全管理制度"，并以其为核心构筑新的安全管理体制。

　　1. 铁路安全管理机构

　　日本铁路安全管理机构主要分为两个层面：一个是以国土交通省为主体的行政主管部门，另一个是铁路运输公司在企业内部设立的安全管理部门。

　　1）国土交通省及下设机构

　　（1）大臣官房。在安全方面，大臣官房总体负责对运输企业安全管理体制的评价及其他安全相关事务。其下设的安全管理部门主要有运输安全政策审议官（室）、运输安全监理官（室）和运输安全调查官。运输安全政策审议官主要负责国土交通省所辖运输安全政策及相关重要事项的总体事务。运输安全监理官负责对运输企业安全管理体制的评价及其他运输安全基本事务。运输安全调查官协助监理官，为评价企业安全管理体制进行相关调查。国土交通大臣从中任命首席运输安全调查官，总体负责运输安全调查事务。

　　（2）综合政策局。在安全方面主要负责《交通安全基本计划》的相关事项，安全事务部门主要由总务科安全对策室和技术安全科组成。其中，总务科安全对策室负责《交通安全基本计划》推进事务，技术安全科负责调查分析威胁交通运输安全的人与技术等方面的因素，并提出解决办法。

（3）铁道局。在安全方面主要负责行业内的安全保障，探明运输事故发生及损失的原因和安全技术装备制造流通管理等。其下设安全管理岗位主要有安全监理官、铁道安全监察官和事故对策官。

安全监理官主要负责铁路运行计划和安全保障，以及为探明对铁路事故发生及损失原因进行调查等工作。铁道安全监察官主要是协助安全监理官对铁路机车车辆和基础设施的管理维护及运用进行检查。国土交通大臣从中任命首席铁道安全监察官，负责总体事务。事故对策官主要是协助安全监理官，为探明铁路事故发生及损失原因进行调查工作。

（4）地方运输局。国土交通省在各地区的下属分支机构，目前有东北、四国等 9 个地方运输局。其下设专门负责铁路事务的国铁集团，国铁集团负责安全工作的主要有技术科和安全指导科，还设有铁道安全监察官。

（5）运输安全委员会。运输安全委员会于 2008 年 10 月 1 日成立，挂靠在国土交通省，有较高的独立性，具有对调查人员任命和职能监管权限，可对包括国土交通大臣在内的事故责任相关者提出批评和意见；主要负责铁路、航空和船舶事故的调查，包括调查重大事故发生和损失原因，提出预防措施及意见，并督促改进等。

2）铁路运输企业管理部门

日本铁路运输企业内部的安全管理主要包括两部分：一是在日常经营管理体系中指定安全事项责任人，由相应级别的主管担任；二是专门的安全推进体系，通过设立安全推进委员会及安全事务部门强化企业安全保障。企业日常安全管理体系包括安全主管、运输主管、乘务员指导主管。其中，安全主管总体负责企业运输安全事务的管理，能够参与企业董事会等重要决策过程，一般是由公司副社长或铁道事业部部长担任。运输主管是从具有实际经验的人员中选任，以利于落实企业安全和运输现场的总体管理。乘务员指导主管主要负责对机车乘务员的资质确认和训练等方面的管理。其中，安全主管和运输主管的任免必须经国土交通大臣批准。为了推动企业安全状况的改善，日本大型铁路公司总部设有"铁路安全推进委员会"，负责事故预防及对策事项的审议等。各分公司则设立"地区安全推进委员会"，负责与总部对口联系，以及在分公司内具体推进安全措施的实施等。安全对策部（室）作为事务部门，主要负责企业安全计划的制订与落实。

2. 铁路安全管理机制

日本铁路目前的安全管理机制主要以"运输安全管理制度"为核心，企业要遵守安全法令、法规，政府依法对铁路运输企业进行安全评价和监察。"运输安全管理制度"是从体制层面督导企业，促使其建立并完善内部安全管理体制；安全监察则是把重点放在企业的现场，检查企业日常作业和实际操作是否符合有关制度，主要参照铁路技术规章等法令和规定。

（1）运输安全管理制度，主要包括两部分：一是企业制定的内部安全管理规程，并在此基础上建立的自上而下的安全管理体制；二是国土交通省对运输企业安全管理体制进行评价，对需要改进的地方提出指导意见。在此过程中，强调企业在体制建立中的自发性，突出企业管理者的责任，要求企业形成从最高层到最基层工作人员的一体化安全体制，通过企业与政府的共同努力，使一体化安全体制形成计划—实施—检查—改进循环，不断得到完善。企业安全管理规程的制定与变更必须经国土交通大臣批准，内容包括企业负责人义务、企业负责人职责、企业安全规划、安全主管、重要人员的责任与权限、信息传达及沟通确保、事故险情等信息报告、重大事故应对、法令遵守、安全教育培训、内部监察、改进完善、文件管理、记录管理 14 个部分。根据安全管理规程的规定，社长作为企业负责人，应充分尊重安全主管的意见。安全主管的主要工作是向社长提出意见和报告，使安全对策体现在企业经营决策中；统一管理企业设施、车辆、行车等相关业务，指导各业务部门实施安全措施；在企业内贯彻落实"安全最优先"意识和管理措施。运输主管主要负责列车运行管理和司机资质等。政府主管部门对企业安全管理机制和安全措施进行安全评价。评价分为两级：一是由国土交通省大臣官房负责，具体由运输安全监理官、调查官等实施，评价对象是大型运输企业或社会影响性较大的企业；二是由地方运输局负责，在安全监察过程中对一般企业实施运输安全评价。在国土交通省组织的安全评价中，评价人员将与企业负责人、安全主管及其他经营管理层人员进行直接交谈，并参照安全管理规程内容，对企业安全体制的运作进行检查，对其中的优点进行褒奖，对需要改进的地方提出意见等。评价的重点主要有：企业是否对运输安全规划充分了解；负责人对安全目标及完成情况是否掌握；对事故险情信息收集及利用是否充分；企业内部检查的运作情况；企业安全管理体制的完善情况，以及相关文件是否规范管理。

（2）安全监察。安全监察是日本铁路主管部门对运输企业的一种日常性安全监管手段，目的是检查企业对各类设施的管理维护等能否保障正常运输。安全监察主要由地方运输局组织实施，一般由地方运输局局长制订年度监察计划，提交国土交通大臣审批后，派遣监察员深入企业现场进行检查。安全监察的内容主要包括：企业遵守设施、车辆及运输相关法令的情况，依法办理各类审批手续的执行情况；有无妨碍运输安全或公共利益的不合理设施等；事故、灾害的处理情况及防止对策的实施情况；设施、车辆的维修计划及执行情况；安全业务人员的岗位责任制、人员配置，以及上岗资格、教育培训、技能水平情况；按照安全监察指令进行整改的情况等。监察结束后提交监察结果及意见报告。

3.4.2　法国铁路安全管理体系

法国 TGV 高速列车自 1981 年开始运营，以安全可靠闻名，40 多年来虽然也出过一些事故，但法国国营铁路公司在事故后不断完善，努力提高自身安全水平，使得 TGV 成为世界上最安全的高铁之一。尽管法国国营铁路公司最新研发的高速列车的测试速度接近 575 km/h，但是实际运行中的高速列车平均速度约 260 km/h。显然，在速度与安全的问题上，法国人选择了安全兼顾速度。目前，法国高速铁路专用线占用 TGV 高速列车运行全线无平交道口和隧道。铁路沿线不设置任何单独的行车信号，而是采用自动安全信号系统。高速列车的紧急刹车距离约为 3 km，司机可通过轨道传导的低频电流系统探测前方道路状况。驾驶室和控制中心之间有一套不间断的无线电通信系统，保障列车的高速和安全。自动控制系统除完成列车速度自动控制外，还设有设备状态和自然环境检测、报警子系统，进一步强化了列车安全运行的保障功能。旅客报警系统让旅客在发生意外时可利用专门的报警手柄向司机和列车员报警。高速列车还设有司机防睡监视器、火灾报警系统、道路灾情报警系统等。法国高速铁路沿线设有防护开关和应急电话，法国国营铁路公司还和国家地震局在地中海高速铁路沿线设置了地震监测系统。高铁建设的关键在于所有设施和系统的建造质量必须有保证。法国的高铁通常会进行 6~9 个月的预运营，这期间车辆不搭载乘客，主要用于调试有关设备和系统。预运营结束后，高铁将投入正式运营。在正式运营初期，大约有 6 个月的磨合期，这期间可能会出现各种各样的问题，但只要不是根本性的、涉及整个系统的问题，都属于正常范围，不会因此而否定整套高铁系统。从以往经验看，磨合期出现问题，其实更有助于完善高铁系统，从而确保磨合期结束后的安全和平稳运营。

3.4.3　德国铁路安全管理体系

德国高速铁路的正式名称是"城际特快列车"（ICE），它将德国国内 130 多个大小城市连为一体。德国城际特快列车于 1991 年 6 月开始运行，至今，每天有 21 万多人乘坐遍布全德总长 1 200 km 的高铁线路。为了有效应对高铁事故，德国铁路公司制定了应急管理预案，目的是在事故发生后，帮助消防等救援人员采取抵御风险措施，减轻事故后果。德国铁路在全国范围内划分了多个紧急情况区，每一个区都设有一名紧急状况经理。紧急状况经理必须随时都处于待命状态，并必须在事故发生后 30 min 内赶到现场，向消防救援人员提供专业咨询。德国铁路公司在卡塞尔设有一个培训中心，专门进行紧急状况经理培训。根据应急管理预案，德国铁路公司在全国范围内设有 7 个险情控制中心，负责接收险情报告，通知消防等救援人员和紧急状况经理。此外，德国铁路公司支持在沿线各州各社区消防队开展铁路抢险救援的课程培训和训练。德国铁路公司在汉诺威—维尔茨堡以及曼海姆—斯图加特等重要的铁路干线上还配备有 6 辆专业救援机车。德国铁路安全的支柱，是德国《通用铁路法》的相关规定，即铁路公司有安全运营、安全建设基础设施、车辆和配套设施的义务，并负责维护使其在安全的状态下运转。铁路公司要满足其法定的安全义务，就必须实施安全管理，特别是保留有资格、高水平的企业安全主管。德国有关铁路企业安全经理的法规规定，安全主管负责安全管理。与公司经理层职责不同，安全主管享有特别的法定权利，维护安全利益，而不是经济利益。安全主管的上岗资格需要通过国家的专门考试才能获得，铁路公司聘用的安全主管还需要得到铁路监管部门的正式确认。

复习思考题

1. 我国现行的有关安全生产的专门法律有哪些？请至少列举 5 类。
2. 请简述新职人员培训和特种设备作业人员培训的相关内容。
3. 请对照中国、日本、法国和德国的铁路安全管理体系，说说各自的优点和特色。

第4章 铁路机车车辆救援

4.1 铁路交通事故救援管理办法

铁路机车车辆在运行过程中发生冲突、脱轨、火灾、爆炸等影响铁路正常行车的事故，包括在影响铁路正常行车的相关作业过程中发生的事故，或者铁路机车车辆在运行过程中与行人、机动车、非机动车、牲畜及其他障碍物相撞的事故，均为铁路交通事故。为了加强铁路交通事故的应急救援工作，规范铁路交通事故调查处理，减少人员伤亡和财产损失，保障铁路运输安全和畅通，根据《中华人民共和国铁路法》和其他有关法律的规定，介绍以下内容。

4.1.1 铁路交通事故等级

根据事故造成的人员伤亡、直接经济损失、列车脱轨辆数、中断铁路行车时间等情形，事故等级分为特别重大事故、重大事故、较大事故和一般事故。

1. 特别重大事故

（1）造成30人以上死亡，或者100人以上重伤（包括急性工业中毒，下同），或者1亿元以上直接经济损失的。

（2）繁忙干线客运列车脱轨18辆以上并中断铁路行车48小时以上的。

（3）繁忙干线货运列车脱轨60辆以上并中断铁路行车48小时以上的。

2. 重大事故

（1）造成10人以上30人以下死亡，或者50人以上100人以下重伤，或者5 000万元以上1亿元以下直接经济损失的。

（2）客运列车脱轨18辆以上的。

（3）货运列车脱轨60辆以上的。

（4）客运列车脱轨2辆以上18辆以下，并中断繁忙干线铁路行车24小时以上或者中断其他线路铁路行车48小时以上的。

（5）货运列车脱轨6辆以上60辆以下，并中断繁忙干线铁路行车24小时以上或者中断其他线路铁路行车48小时以上的。

3. 较大事故

（1）造成 3 人以上 10 人以下死亡，或者 10 人以上 50 人以下重伤，或者 1 000 万元以上 5 000 万元以下直接经济损失的。

（2）客运列车脱轨 2 辆以上 18 辆以下的。

（3）货运列车脱轨 6 辆以上 60 辆以下的。

（4）中断繁忙干线铁路行车 6 小时以上的。

（5）中断其他线路铁路行车 10 小时以上的。

4. 一般事故

造成 3 人以下死亡，或者 10 人以下重伤，或者 1 000 万元以下直接经济损失的，为一般事故。一般事故分为一般 A 类事故、一般 B 类事故、一般 C 类事故、一般 D 类事故。

（1）有下列情形之一，未构成较大以上事故的，为一般 A 类事故：

① 造成 2 人死亡。

② 造成 5 人以上 10 人以下重伤。

③ 造成 500 万元以上 1 000 万元以下直接经济损失。

④ 列车及调车作业中发生冲突、脱轨、火灾、爆炸、相撞，造成下列后果之一的：

a. 繁忙干线双线之一线或单线行车中断 3 小时以上 6 小时以下，双线行车中断 2 小时以上 6 小时以下。

b. 其他线路双线之一线或单线行车中断 6 小时以上 10 小时以下，双线行车中断 3 小时以上 10 小时以下。

c. 客运列车耽误本列 4 小时以上。

d. 客运列车脱轨 1 辆。

e. 客运列车中途摘车 2 辆以上。

f. 客车报废 1 辆或大破 2 辆以上。

g. 机车大破 1 台以上。

h. 动车组中破 1 辆以上。

i. 货运列车脱轨 4 辆以上 6 辆以下。

（2）有下列情形之一，未构成一般 A 类以上事故的，为一般 B 类事故：

① 造成 1 人死亡。

② 造成 5 人以下重伤。

③ 造成 100 万元以上 500 万元以下直接经济损失。

④ 列车及调车作业中发生冲突、脱轨、火灾、爆炸、相撞，造成下列后果之一的：

a. 繁忙干线行车中断 1 小时以上。

b. 其他线路行车中断 2 小时以上。

c. 客运列车耽误本列 1 小时以上。

d. 客运列车中途摘车 1 辆。

e. 客车大破 1 辆。

f. 机车中破 1 台。

g. 货运列车脱轨 2 辆以上 4 辆以下。

（3）有下列情形之一，未构成一般 B 类以上事故的，为一般 C 类事故：

① 列车冲突。

② 货运列车脱轨。

③ 列车火灾。

④ 列车爆炸。

⑤ 列车相撞。

⑥ 向占用区间发出列车。

⑦ 向占用线接入列车。

⑧ 未准备好进路接、发列车。

⑨ 未办或错办闭塞发出列车。

⑩ 列车冒进信号或越过警冲标。

⑪ 机车车辆溜入区间或站内。

⑫ 列车中机车车辆断轴，车轮崩裂，制动梁、下拉杆、交叉杆等部件脱落。

⑬ 列车运行中碰撞轻型车辆、小车、施工机械、机具、防护栅栏等设备设施或路料、坍体、落石。

⑭ 接触网接触线断线、倒杆或塌网。

⑮ 关闭折角塞门发出列车或运行中关闭折角塞门。

⑯ 列车运行中刮坏行车设备设施。

⑰ 列车运行中设备设施、装载货物（包括行包、邮件）、装载加固材料（或装置）超限（含按超限货物办理超过电报批准尺寸的）或坠落。

⑱ 装载超限货物的车辆按装载普通货物的车辆编入列车。

⑲ 电力机车、动车组带电进入停电区。

⑳ 向停电区段的接触网错误供电。

㉑ 电化区段攀爬车顶耽误列车。

㉒ 客运列车分离。

㉓ 发生冲突、脱轨的机车车辆未按规定检查鉴定编入列车。

㉔ 无调度命令施工，超范围施工，超范围维修作业。

㉕ 漏发、错发、漏传、错传调度命令导致列车超速运行。

（4）有下列情形之一，未构成一般 C 类以上事故的，为一般 D 类事故：

① 调车冲突。

② 调车脱轨。

③ 挤道岔。

④ 调车相撞。

⑤ 错办或未及时办理信号致使列车停车。

⑥ 错办行车凭证发车或耽误列车。

⑦ 调车作业碰轧脱轨器、防护信号，或未撤防护信号动车。

⑧ 货运列车分离。

⑨ 施工、检修、清扫设备耽误列车。

⑩ 作业人员违反劳动纪律、作业纪律耽误列车。

⑪ 滥用紧急制动阀耽误列车。

⑫ 擅自发车、开车、停车、错办通过或在区间乘降所错误通过。

⑬ 列车拉铁鞋开车。

⑭ 漏发、错发、漏传、错传调度命令耽误列车。

⑮ 错误操纵、使用行车设备耽误列车。

⑯ 使用轻型车辆、小车及施工机械耽误列车。

⑰ 应安装列尾装置而未安装发出列车。

⑱ 行包、邮件装卸作业耽误列车。

⑲ 电力机车、动车组错误进入无接触网线路。

⑳ 列车上工作人员往外抛掷物体造成人员伤害或设备损坏。

㉑ 行车设备故障耽误本列客运列车 1 小时以上，或耽误本列货运列车 2 小时以上；固定设备故障延时影响正常行车 2 小时以上（仅指正线）。

以上内容中所称的"以上"包括本数，所称的"以下"不包括本数。

国铁集团可对影响行车安全的其他情形，列入一般事故。

因事故死亡、重伤人数 7 日内发生变化，导致事故等级变化的，相应改变事故等级。

4.1.2 铁路交通事故报告

事故发生后，事故现场的铁路运输企业工作人员或者其他人员应当立即向邻近铁路车站、列车调度员、公安机关或者相关单位负责人报告。有关单位和人员接到报告后，应立即将事故情况向企业负责人和事故发生地安全监管办安全监察值班人员报告，安全监管办安全监察值班人员按规定向安全监管办负责人报告。

铁路运输企业列车调度员要认真填写《铁路交通事故（设备故障）概况表》（安监报 1），分别向事故发生地安全监管办安全监察值班人员、国铁集团列车调度员报告。

事故发生地安全监管办安全监察值班人员接到"安监报 1"或现场事故报告后，要立即填写《铁路交通事故基本情况表》（安监报 3），并向国铁集团安全监察司值班人员报告。报告后要进一步了解事故情况，及时补报"安监报 3"。

涉及其他安全监管办辖区的事故，发生地安全监管办安全监察值班人员应及时将"安监报 3"传送至相关安全监管办的安全监察部门。

国铁集团列车调度员接到事故报告后，应及时收取或填写"安监报 1"，并立即向值班处长和安全监察司值班人员报告；值班处长、安全监察司值班人员按规定分别向本部门负责人、国铁集团办公厅部长办公室报告，由部门负责人向部领导报告。事故涉及其他部门时，由办公厅部长办公室通知相关部门负责人。

发生特别重大事故、重大事故，由国铁集团办公厅负责向国务院办公厅报告，并通报国家安全生产监督管理总局等有关部门。

发生特别重大事故、重大事故、较大事故或者有人员伤亡的一般事故，安全监管办应向事故发生地县级以上地方人民政府及其安全生产监督管理部门通报。

事故报告的主要内容：

（1）事故发生的时间、地点、区间（线名、千米、米）、线路条件、事故相关单位和人员。

（2）发生事故的列车种类、车次、机车型号、部位、牵引辆数、吨数、计长及运行速度。

（3）旅客人数，伤亡人数、性别、年龄以及救助情况，是否涉及境外人员伤亡。

（4）货物品名、装载情况，易燃、易爆等危险货物情况。

（5）机车车辆脱轨辆数、线路设备损坏程度等情况。

（6）对铁路行车的影响情况。

（7）事故原因的初步判断，事故发生后采取的措施及事故控制情况。

（8）应当立即报告的其他情况。

事故报告后，人员伤亡、脱轨辆数、设备损坏等情况发生变化时，应及时补报。

事故现场通话按 "117" 立接制应急通话级别办理。

国铁集团、安全监管办、铁路运输企业应向社会公布事故报告值班电话，受理事故报告和举报。

事故应急救援情况需要向社会通报时，由国铁集团、安全监管办的宣传部门统一负责。

4.1.3　铁路交通事故应急救援工作规则

事故发生后，列车司机或者运转车长等现场铁路工作人员应当立即采取停车措施，并按规定对列车进行安全防护。遇有人员伤亡时，应当向邻近车站或者列车调度员请求施救，并将伤亡人员移出线、做好标记，有能力的应当对伤员进行紧急施救。

为保障铁路旅客安全或者因特殊运输需要不宜停车的，可以不停车；但是，列车司机或者运转车长应当立即将事故情况报告邻近铁路车站、列车调度员，接到报告的邻近铁路车站、列车调度员应当立即进行处置。

事故造成中断铁路行车的，铁路运输企业应当立即组织抢修，尽快恢复铁路正常行车；必要时，铁路运输调度指挥部门应当调整运输径路，减少事故影响。

客运列车发生事故造成车内人员伤亡或者危及人员安全时，列车长应当立即组织车上人员进行紧急施救，稳定人员情绪，维护现场秩序，并向邻近车站或者列车调度员请求施救。

救援队接到事故救援通知后，救援队长应当召集救援队员以最快速度赶赴事故现场。到达事故现场后，应当立即组织紧急抢救伤员，利用既有设备起复脱轨的机车车辆，清除各种障碍，搭设必要的设备设施，为进一步实施救援创造条件。图 4.1～图 4.3 为救援演练场景展示。

发生列车火灾、爆炸、危险货物泄漏等事故时，现场铁路工作人员应当尽快组织疏散现场人员并采取必要的防护措施。

事故发生后影响本线或者邻线行车安全时，现场铁路工作人员应当立即按规定采取紧急防护措施。

接到事故救援报告后，应当根据事故严重程度和影响范围，按特别重大、重大、较大、一般四个等级由相应单位、部门做出应急救援响应，启动应急预案。

图 4.1　救援工作场景

图 4.2　机车脱轨救援起复演练

图 4.3　救援现场

　　特别重大事故的应急救援，由国铁集团报请国务院启动，或者由国务院授权的部门启动。国铁集团在国务院事故应急救援领导小组的领导下开展工作，开通与国务院有关部门、事发地省级事故应急救援指挥机构以及现场事故救援指挥部的应急通信系统，征求有关专家建议以及国务院有关部门意见提出事故应急救援方案，经国务院事故应急救援领导小组确定后组织实施，并派出专家和有关人员赶赴现场参加救援。

　　重大事故的应急救援，由国铁集团启动。国铁集团事故应急救援工作机构应当组建现场事故应急救援指挥部（以下简称现场指挥部），并根据事故具体情况设立医疗救护、事故起复、后勤保障、应急调度、治安保卫、善后处理等工作组，开通与事发运输企业和现场指挥部的应急通信系统，咨询有关专家，确定事故应急救援具体实施方案，立即派出有关人员赶赴现场，调集各种应急救援资源，组织指挥应急救援工作。必要时，协调请求事发地人民政府、当地驻军、武装警察部队提供支援。遇有超出本级应急救援处置能力时，及时向国务院报告。

　　较大事故、一般事故的应急救援，由安全监管办启动或者督促运输企业事故应急救援工作机构启动，组织成立现场指挥部，并根据事故具体情况设立医疗救护、事故起复、后勤保障、应急调度、治安保卫、善后处理等工作组，开通与现场指挥部的应急通信系统，咨询有关专家，确定事故应急救援具体实施方案。有关负责人和专业人员应当立即赶赴现场，调集各种应急救援资源，组织指挥应急救援工作。必要时，由安全监管办协调事发地人民政府、当地驻军、武装警察部队提供支援。遇有超出本级应急救援处置能力时，及时向国铁集团报告。

　　有关单位和个人应当妥善保护事故现场以及相关证据，并在事故调查组成立后将相关证据移交事故调查组。因事故救援、尽快恢复铁路正常行车需要改变事故现场的，应当做出标记、绘制现场示意图、制作现场视听资料，并做出书面记录。

　　任何单位和个人不得破坏事故现场，不得伪造、隐匿或者毁灭相关证据。

　　事故中死亡人员的尸体经法定机构鉴定后，应当及时通知死者家属认领；无法查找死者家属的，按照国家有关规定处理。

4.2　铁路交通事故应急救援工作规则

　　国家铁路、合资铁路、地方铁路、专用铁路和铁路专用线发生事故，造成人员伤亡、财产损失、中断行车及其他影响铁路正常行车，需要实施应急救援工作，最大限度地减少人员伤亡和财产损失，尽快恢复铁路运输秩序。救援工作总的要求：现场信息正确、信息传递快捷、救援出动快速、救援装备精良、组织指挥严谨、救援方案有效、分工配合密切、线路开通迅速。

4.2.1　铁路机车请求救援的时机及作业流程

1. 铁路机车请求救援的时机及防护要求

　　铁路机车在运行过程中发生故障不能继续牵引运行时、牵引列车中的车辆发生故障不能修复时、运行区段内的线路发生故障导致列车中机车或车辆脱轨时、电气化运行区段内接触网发生故障导致电力机车不能发挥牵引力时，以及列车运行或调车作业中发生冲突、脱轨、火灾、爆炸、相撞事故后，机车乘务员或事故现场铁路工作人员须立即向列车调度员报告，并做好安全防护。

《铁路技术管理规程》（普速铁路部分）第三百六十六条规定：列车在区间被迫停车不能继续运行时，司机应立即使用列车无线调度通信设备通知两端站（列车调度员）及车辆乘务员（随车机械师），报告停车原因和停车位置，根据需要迅速请求救援。需要防护时，列车前方由司机负责，列车后方由车辆乘务员（随车机械师）负责，无车辆乘务员（随车机械师）为列车乘务员负责。配备列车防护报警装置的列车应首先使用列车防护报警装置进行防护。单班单司机值乘的列车防护作业办法由铁路局规定。

如遇自动制动机故障，动车组以外的旅客列车司机应通知车辆乘务员立即组织列车乘务人员拧紧全列人力制动机，以保证就地制动；其他列车司机应立即采取安全措施，并向车站值班员（列车调度员）报告，请求救援。

对已请求救援的列车，不得再行移动，并按规定对列车进行防护。

车站值班员（列车调度员）接到司机通知后，应将区间内列车运行情况通知司机，并立即使用列车无线调度通信设备转告区间内有关列车。在停车原因消除前不得再放行追踪、续行列车。

需组织旅客疏散时，车站值班员得到列车调度员准许后，扣停邻线列车并通知司机，司机通知有关作业人员办理。

2. 请求救援的机车乘务员具体操作

（1）机车乘务员应第一时间通知两端站值班员（列车调度员）停车位置、停车原因、列车编组等，并以地面实际公里标、半公里标、百米标核实。LKJ（列车运行控制记录装置）能正常使用的，可参考 LKJ 数据，并应注意监控数据长短链处所距离误差。电力机车运行区段如果停车位置前后方有分相绝缘器，需要报告距离分相绝缘器的位置及是否能前部救援。遇LKJ 黑屏不能提供参考数据时，随乘司机或副司机必须立即携带手持电台及防护用品下车，根据地面百米标、半公里标寻找就近的公里标（自闭区间以向前寻找为基本原则），实地确认停车地点报告值乘司机，并通知追踪列车注意运行。

（2）机车乘务员向规定的应急指导人员及安全生产指挥中心汇报，询问处理办法，积极组织修复，10 分钟内处理无效时，立即向就近车站请求救援。救援处所前后有分相绝缘区段或其他特殊地段（长大坡道、隧道）时，必须向车站值班员、列车调度员和救援机车司机说明。

（3）请求救援后，经过处理具备开车条件时，司机应请求取消救援，经列车调度员（车站值班员）准许后开车时方可继续运行。

4.2.2 被救援机车无火回送、有火回送具体操作事项

1. 机车回送前提及《运规》回送规定

机车发生故障后，如内燃机车柴油机故障不能正常工作、风泵故障不能正常泵风等，电力机车受电弓故障无法升起、主断路器故障无法闭合、蓄电池馈电导致控制电路无法运行、

部分和谐型电力机车制动机系统故障无法正常操作等，都会造成机车无法完成功率输出，即机车无动力。此时如果请求救援，就要按规定办理机车无火回送作业。《铁路机车运用管理规则》（铁总运〔2015〕第 314 号）规定：无动力回送机车，相关作业应在库内完成，并由管理人员或专业技术人员指导。铁路局间调拨及新造、检修完毕出厂（段）的机车，均按专列或有动力附挂方式回送；入厂（段）检修的机车，除事故车和返厂（段）修车外，必须达到运用状态，按专列或有动力附挂方式回送。电力机车在非全程电气化区段回送应按无动力托运方式，并将受电弓绑扎。日常运输组织发生的机车回送，原则上应按有动力方式，无动力附挂时不得跨牵引区段。铁路局管内机车回送方式由铁路局自定。附挂回送机车应挂于本务机车次位，每列不得超过 2 台；专列回送每列不超过 5 台（不包括本务机车，双节机车按一台计）；在受桥梁限制的区段按规定进行隔离。在线路坡度超过 20‰的区段，禁止办理机车专列回送。

走行部及制动机等严重破损机车禁止随列车跨铁路局回送，在铁路局管内回送时，其办法由铁路局制定。

旅客列车不应附挂回送机车，但担当旅客列车任务的客运机车走行部和制动装置良好时，在保证安全的前提下可随旅客列车附挂回送，并按总公司调度命令办理。

专列回送按货运机车长交路接运。货运机车应附挂直通、直达货物列车回送，不准附挂旅客列车。

局间调拨、新造或维修机车在回送前，应由机车所属单位（或制造、修理单位）拍发电报，电告途经的铁路局调度所、机车调度。无动力托运的机车在回送前应按有关规定进行申报。

铁路局调度所应按照有关回送电报要求及时安排回送机车计划，不得扣压。随时掌握回送机车动态，与相邻铁路局调度所加强联系，确保交接顺畅，避免滞留，并在日班计划和机车周转图中做出明显的标识。铁路局机车调度要建立回送机车登记及汇报制度，登记内容包括：机车所属局段及型号，始发地和终到地，到达管内各地的日期、车次、时间，计划挂运日期、车次，实际挂运日期、车次、时间及计划未兑现的原因。铁路局机车调度每天 16 时前须向总公司机车调度汇报跨局机车在本局管内的回送动态。

回送机车乘务员有权使用车站运转室（调度室）、机务派班室电话，向途经铁路局、总公司机车调度员汇报机车回送情况。总公司、铁路局调度员接到回送机车滞留的报告后，要做好记录，立即查明原因，组织尽快放行。

回送机车乘务员须每天向本段汇报回送情况，机务段应掌握本段回送机车情况，发现机车滞留，协调相关部门及时处理。

有动力回送机车中途出、入机务段（异地车间），机车乘务员应到派班室办理出、退勤手续，报告机车状态，自行打温，无特殊原因停留时间不得超过 24 小时。补充燃料、油脂、冷却水等，凭回送机车乘务员签认的回送清单，机务段间进行清算。机车自行出、入段时，铁路局机车调度应提前安排带道人员。

内燃机车经电气化区段回送时，所属机务段须对回送机车乘务员进行电气化区段安全技术作业规定的专题教育和考试。电气化区段各机务段派班室在回送机车乘务员出勤时，要认真传达安全注意事项，铁路岗位培训合格证上无电气化培训合格记录的不准放行。

2. 无动力托运回送机车应按以下要求整备

（1）直流传动机车的牵引电动机电刷全部拔掉，拆除动轴轴箱测速发电机机械连接；液力传动内燃机车应拆除与动轮连接的万向轴。

（2）按不同类型机车制动机无动力回送要求，对机车制动系统进行处置。

（3）内燃机车要排净柴油机冷却水和润滑油，冬季注意防冻。

（4）无动力托运回送机车应备有信号器具和必要的油脂、工具，并安排司机随车回送。

走行部及基础制动装置故障的机车回送时，须经机务段专业技术人员鉴定后，铁路局调度所凭机务段的回送请求电报安排回送。回送途中机务段须安排专业技术人员添乘。

3. 机车无火回送操作

1）内燃机车（见图 4.4 和图 4.5）

（1）将自阀置于取柄位，单阀置于运转位。

（2）客、货转换阀置于"货车位"。

（3）开放无动力装置塞门（DF_{4A}、DF_{4B}、DF_{4KB} 型内燃机车在机械间右侧主发处地板下方，DF_{7C} 在辅机间作用阀下方，DF_{7G} 在制动室中继阀下方，DF_{8B} 在低压室右侧第一块地板下方）。

（4）将常用限压阀调整到 $150 \sim 200$ kPa。

（5）连接要连挂端的制动软管，缓慢打开该处制动管折角塞门。

（6）断开机车蓄电池闸刀。

（7）本务机车实施缓解并制动试验 3 次以上，观察回送机车列车管、闸缸压力变化是否正常，确认无火机车与本务机车制动、缓解一致。

（8）按规定进行滚动试验。

（9）对机车作无动力回送处理时，机车必须采取防溜措施。回送机车在恢复运用状态时，必须采取有效制动措施方可摘钩。

图 4.4　DF_3 型内燃机车

图 4.5　DF_{7G} 型内燃机车

2）电力机车

（1）SS_{6B} 型电力机车（见图 4.6）。

图 4.6　SS_{6B} 型电力机车

① 将自阀置于重联位，单阀置于运转位。

② 关闭列车管塞门 115（制动柜后方）。

③ 开放分配阀缓解塞门 156（分配阀处）和无动力回送塞门 155（制动柜右下部）。

④ 调整分配阀安全阀压力为 150～200 kPa。

⑤ 连接要连挂端的制动软管，缓慢打开该处制动管折角塞门。

⑥ 断开机车蓄电池闸刀。

⑦ 本务机车实施缓解并制动试验 3 次以上，观察回送机车列车管、闸缸压力变化是否正

常，确认无火机车与本务机车制动、缓解一致。

⑧ 按规定进行滚动试验。

⑨ 对机车作无动力回送处理时，机车必须采取防溜措施。回送机车在恢复运用状态时，必须采取有效制动措施方可摘钩。

（2）SS₄双节结构电力机车（见图4.7）。

图 4.7　SS₄双节结构电力机车

① 将自阀置于重联位，单阀置于运转位，关闭两节车115塞门（在空气制动柜后部的中继阀处）。

② 两节车无动力回送塞门155（SS₃ᵦ和SS₄都在制动柜右下部）均置于开放位。

③ 两节车的分配阀缓解塞门156均置于开放位（SS₃ᵦ和SS₄都在分配阀处）。

④ 关闭两总风缸间的112塞门（走行部第一、第二总风缸之间）。

⑤ 将两节车的分配阀安全阀均调整到150～200 kPa。

⑥ 操纵节重联阀置于"本务位"，非操纵节的重联阀置于"补机位"。

⑦ 连接要连挂端的制动软管，缓慢打开该处制动管折角塞门。

⑧ 断开机车蓄电池闸刀。

⑨ 本务机车实施缓解并制动试验3次以上，观察回送机车列车管、闸缸压力变化是否正常，确认无火机车与本务机车制动、缓解一致。

⑩ 按规定进行滚动试验。

⑪ 对机车作无动力回送处理时，机车必须采取防溜措施。回送机车在恢复运用状态时，必须采取有效制动措施方可摘钩。

（3）6K型电力机车（见图4.8）。

① 首先断开蓄电池自动开关。

② 在弹簧制动缸处于无风状态时，手动彻底缓解弹簧制动缸。

③ 关闭停车制动塞门（二端压缩机上方）。

④ 两端自阀手柄置于手柄取出位，客货转换塞门置于"截断位"；两端单阀手柄置于运转位。

⑤ MU-2A重联阀置于"本务或回送"位。

⑥ 开放无动力回送塞门（在制动柜下部）。

⑦ 16#管上的三通塞门（制动柜上部的无动力回送塞门）转换 90°，使制动缸压力限制在 180 kPa 左右。

⑧ 关闭第三总风缸塞门（制动柜左下部）。

⑨ 检查制动缸塞门在全开启状态（一个转向架一个，在走行部转向架上方的车体上）。

⑩ 连接要连挂端的制动软管，缓慢打开该处制动管折角塞门。

⑪ 本务机车实施缓解并制动试验 3 次以上，观察回送机车列车管、闸缸压力变化是否正常，确认无火机车与本务机车制动、缓解一致。

⑫ 按规定进行滚动试验。

⑬ 回送途中在中间站停车时，缓解单阀，检查确认弹簧制动缸是否在缓解位。

⑭ 途中加强走行部后部瞭望，防止动轮弛缓的发生。

⑮ 对机车作无动力回送处理时，机车必须采取防溜措施。回送机车在恢复运用状态时，必须采取有效制动措施方可摘钩。

图 4.8　6K 型电力机车

（4）HXD₁c 型电力机车（见图 4.9）。

① 将自动制动手柄置于重联位并插上锁闭销，单独手柄置于运转位。

② 切除无人警惕模块 S10 塞门（制动柜的左上部），关闭制动柜中模块 B40.06 的塞门（在制动柜的右上部，黄色）。

③ 手拉缓解每个停车制动单元，共四个，1、3、4、6 位。

④ 将制动柜内 ERCP 上的无火塞门打到投入位（在制动柜的中下部）。

⑤ 关闭风源柜中塞门 A10（制动柜的右部），打开风源柜中总风缸的排水塞门 A12（总风缸下方），将风缸压力排至 250 kPa 左右，然后关闭。

⑥ 打开所有平均管塞门 B82、B86（机车端部），连接机车间平均软管。关闭总风连管塞门 B80、B87（机车端部）。

⑦ 连接要连挂端的制动软管，缓慢打开该处制动管塞门 B81（机车端部）。

⑧ 连接另外一台机车，将无火机车列车管冲至定压，观察闸缸压力是否为 0，如不为 0，顶开 16 控制模块上的测试接头 16T（制动柜的下部 16CP 上）排空闸缸预控空气。

⑨ 断开机车蓄电池闸刀。

⑩ 本务机车实施缓解并制动试验 3 次以上，观察回送机车列车管、闸缸压力变化是否正常，确认无火机车与本务机车制动、缓解一致。

⑪ 按规定进行滚动试验。

⑫ 对机车作无动力回送处理时，机车必须采取防溜措施。回送机车在恢复运用状态时，必须采取有效制动措施方可摘钩。

图 4.9　HXD$_{1C}$ 型电力机车

（5）HXD$_{2C}$ 型电力机车（见图 4.10）。

① 将 RB-MV 塞门置于车辆位（在空气制动柜上）。

② 关闭停放制动 RB（IS）FS 塞门（在空气制动柜上）。

③ 关闭单阀制动 RB（IS）FD 塞门（在空气制动柜上）。

④ 关闭紧急制动阀 RB（IS）Q（ECH）URG 塞门（在空气制动柜上）。

⑤ 关闭 1 号气动柜紧急制动塞门（在空气制动柜对面的 1 号气动柜上）。

⑥ 下车拉动停放制动拉环。

⑦ 断开机车蓄电池闸刀。

⑧ 本务机车实施缓解并制动试验 3 次以上，观察回送机车列车管、闸缸压力变化是否正常，确认无火机车与本务机车制动、缓解一致。

⑨ 按规定进行滚动试验。

⑩ 对机车作无动力回送处理时，机车必须采取防溜措施。回送机车在恢复运用状态时，必须采取有效制动措施方可摘钩。

⑪ 若要使无火回送机车无制动力，需同时关闭分配阀，切除 RB（IS）CP 连动塞门（在空气制动柜上）、转向架 RB（IS）CF1/2 塞门（在空气制动柜上）。

图 4.10　HXD$_{2C}$ 型电力机车

（6）HXD$_3$ 型电力机车（见图 4.11）。

图 4.11　HXD$_3$ 型电力机车

① 车上操作。

a. 单独制动手柄置于"运转"位，自动制动手柄置于"重联"位并插上锁闭销。

b. 将 ERCP 模块无火回送塞门转到"投入"位（在制动柜下部）。

c. 将总风缸压力空气排放至 250 kPa 以下。

d. 关闭停放制动控制塞门（B40.06）（在制动柜的右上部），应有排风现象。

② 车下操作。

a. 开放机车两端平均管塞门。

b. 连接制动软管，缓慢开放折角塞门，等待制动管压力升至定压。

c. 断开机车蓄电池闸刀。

d. 确认停放指示器为红色，制动显示器为绿色，手动缓解停放制动单元，并确认夹钳已缓解。

e. 本务机车实施缓解并制动试验 3 次以上，观察回送机车列车管、闸缸压力变化是否正常，确认无火机车与本务机车制动、缓解一致。

f. 对机车作无动力回送处理时，机车必须采取防溜措施。回送机车在恢复运用状态时，必须采取有效制动措施方可摘钩。

g. 按规定进行滚动试验。

（7）HXD$_{1B}$ 型电力机车（见图 4.12）。

图 4.12　HXD$_{1B}$ 型电力机车

① 车上司机室操作。

a. 确认司机控制器在零位，换向手柄取出，自阀（大闸）手柄置于"重联"位，插好锁闭销，单阀（小闸）手柄置于"运转"位，拔出电钥匙。

b. 操作端和非操作端单独制动阀手柄置于"运转"位，自动制动手柄置于"重联"位并插上锁闭销。

c. 司机室弹停开关置于"制动"位（无电状态下需要到制动屏柜前手动按压弹停模块的右侧电磁阀下部的红色按钮实施制动）。

② 车上机械间操作。

a. 制动屏柜上的停放制动控制塞门 B40.06 置于"关闭"位。

b. 制动屏柜上 EPCU 的 ERCP 模块上的无火回送手柄转到"投入"位或"无火回送"位。

c. 断开机车"蓄电池输出"（=32-Q82）自动开关。

制动系统电源全部断电。断开控制电源柜上的 MIPM（=28-F131）、EPCU（=28-F132）、LCDM（=28-F133）。

d. 打开下部两个总风缸的排水阀（车下）和上部两个总风缸的排水塞门，排放总风缸压力空气到 250 kPa，之后关闭总风缸排水塞门（排水阀）。

③ 车下走行部操作。

a. 拆掉机车端部所有平均管堵头，开放平均管塞门。

b. 确认机车有效防溜或与本务机车附挂好了后，手动缓解机车底部 4 个弹停制动（手动拉开弹停缸的缓解手柄，持续 5 s 后方可松手，用手晃动闸片，确认有缓解间隙）。

c. 无火机车充满风后，本务机车施行常用全制动，检查无火机车各基础制动装置制动良好；本务机车大闸置于运转位，检查无火机车各基础制动装置缓解良好，并按规定进行滚动试验。

4.2.3　内燃机车、电力机车担当救援任务时的开出及行车凭证

当列车司机或其他铁路工作人员发出救援请求并做好相关防溜、防护措施后，列车调度员就会发布调度命令，封锁区间，开行救援列车。

车站值班员接到司机或工务、电务、供电等人员的救援请求后，应立即报告列车调度员。需封锁区间派出救援列车时，列车调度员应向有关车站发布命令封锁区间，并派出救援列车。

向封锁区间发出救援列车时，不办理行车闭塞手续，以列车调度员的命令，作为进入封锁区间的许可，如图 4.13 和图 4.14 所示。

调度命令

调度命令号：×××　　　　　　　　　　　　　　　　　　　　调度日：

命令标题	（2）向封锁区间开行救援列车、路用列车				
发令单位	汉宜台		发令时间		发令人
受令处所	签收		签收时间	签收状态	抄送
未选择受令单位				未签收	
调度命令内容上文					

　1.向封锁区间开行救援列车
　（自接令时起，　站至　站间　　行线区间封锁。）
　　准许　站（利用　机车）开　次列车，进入　站至　站间　行线封锁区间　km　m处进行救援，将　次列推进（拉回）至　站（返回开　次列车）（按救援负责人的指挥办理）。

图 4.13　调度命令

图 4.14　机调其他命令

当列车调度电话不通时，应由接到救援请求的车站值班员根据救援请求办理，救援列车以车站值班员的命令，作为进入封锁区间的许可。

司机接到救援命令后，必须认真确认。命令不清、停车位置不明确时，不准动车。

救援列车进入封锁区间后，在接近被救援列车或车列 2 km 时，要严格控制速度，同时，使用列车无线调度通信设备与请求救援的机车司机进行联系，或以在瞭望距离内能够随时停车的速度运行，最高不得超过 20 km/h，在防护人员处或压上响墩后停车，联系确认，并按要求进行作业，如图 4.15 所示。

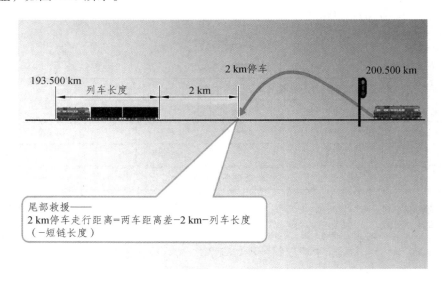

图 4.15　尾部救援

救援列车的出发或返回，均应通知列车调度员及对方站。如事故现场设有临时线路所时，车站值班员应于发车前，经得线路所值班员的同意。

在事故调查组人员到达前，站长或胜任人员应随乘发往事故地点的第一列救援列车（分部运行时挂取遗留车辆的机车除外）到事故现场，负责指挥列车有关工作。

结合当前机务运用实际情况，对担当救援任务的机车乘务员，在行车凭证方面具体操作如下：

（1）担当任务的机车乘务员共同确认列车调度员（车站值班员）的命令：日期、命令号、区间、调度（值班员）姓名、进入（返回）区间车次、停车地点、救援注意事项。跨越线路所救援时，必须同时封锁所间区间。

（2）与调度员、车站值班员核对命令内容，停车位置不明、命令内容不清严禁动车。根据调度命令中停车位置公里标、机车监控数据显示公里标计算出机车距被救援列车 2 km 前应控速 20 km/h 以下的公里标（反方向救援时调车状态应走行的距离），并记录在手账中。

（3）将调度命令内容报告给应急指导人员，听取指导，担当救援客车（动车组）时行车指导人员应通知安全生产指挥中心启动客车救援应急机制。

4.2.4　请求救援及担当救援任务时，行车安全装备的操作及区间作业

1. 区间停车请求救援处置流程

区间停车请求救援处置流程见表 4.1。

表 4.1　区间停车请求救援处置流程

作业环节	序号	作业要点	标记
请求救援	1	第一时间通知两端站值班员（列车调度员）停车位置、停车原因、列车编组等，并以地面实际公里标、半公里标、百米标核实。LKJ 能正常使用的，可参考 LKJ 数据，并应注意监控数据长短链处所距离误差。电力机车运行区段如果停车位置前后方有分相绝缘器，需要报告距离分相绝缘器位置及是否能前部救援。遇 LKJ 黑屏不能提供参考数据时，随乘司机或副司机必须立即携带手持电台及防护用品下车，根据地面百米标、半公里标寻找就近的公里标（自闭区间以向前寻找为基本原则），实地确认停车地点报告值乘司机，并通知追踪列车注意运行	
	2	向规定的应急指导人员及安全生产指挥中心汇报，询问处理办法，积极组织修复，10 分钟内处理无效时，立即向就近车站请求救援。救援处所前后有分相绝缘区段或其他特殊地段（长大坡道、隧道）时，必须向车站值班员、列车调度员和救援机车司机说明	
	3	请求救援后，经过处理具备开车条件时，司机应请求取消救援，经列车调度员（车站值班员）准许后开车时方可继续运行	
防溜	4	已请求救援的列车按规定对列车采取防溜措施	
防护	5	已请求救援时，从救援列车开来方面（不明时，从列车前后两方面），距离列车不小于 300 m 处放置响墩防护；防护人员进行防护时双线区间严禁在两线间行走。夜间或瞭望条件不好时，应在防护地点点燃火炬或放置响墩（动车组运行区段开车前必须撤除放置的响墩），并及时与救援列车（机车）司机通过无线列调电话取得联系	
	6	电话中断后发出的列车，应于停车后，立即从列车后方按线路最大速度等级规定的列车紧急制动距离位置处防护	
	7	对于邻线上妨碍行车地点，应从两方面按线路最大速度等级规定的列车紧急制动距离位置处防护，如确知列车开来方向时，仅对来车方面防护	
	8	列车分部运行，机车进入区间挂取遗留车辆时，应从车列前方距离不小于 300 m 处防护	
	9	随乘司机（副司机）立即携带信号旗（灯）、3 个响墩、手持电台前往救援列车开来方向（不明时从前、后两方面）距列车不少于 300 m 处设置响墩（来车方向左 2 右 1）并展开红旗（灯）防护	
	10	救援机车车钩、软管连挂妥当后，值乘司机将列车防溜、防护及相关情况向救援机车司机汇报	
注意事项	11	电力机车牵引区段，被救援机车应进入规定的监控模式，便于准确定位，防止带电闸分相	

2. 担当救援任务处置流程

担当救援任务处置流程见表4.2。

表4.2　担当救援任务处置流程

作业环节	序号	作业要点	标记
调度命令确认	1	共同确认列车调度员（车站值班员）的命令：日期、命令号、区间、调度（值班员）姓名、进入（返回）区间车次、停车地点、救援注意事项。跨越线路所救援时，必须同时封锁所间区间	
	2	与调度员、车站值班员核对命令内容，停车位置不明、命令内容不清严禁动车。根据调度命令中停车位置公里标、机车监控数据显示公里标计算出机车距被救援列车 2 km 前应控速 20 km/h 以下的公里标（反方向救援时调车状态应走行的距离），并记录在手账中	
	3	将调度命令内容汇报给应急指导人员，听取指导，担当救援客车（动车组）时行车指导人员应通知安全生产指挥中心启动客车救援应急机制	
监控装置设定	4	司机按要求输入调度命令给定的救援车次，输入担当区段交路号、车站号	
	5	救援机车反向运行进入区间，前部救援，正向牵引至接车站。 自闭区间：监控按"调车模式"进入封锁区间；正向牵引返回监控装置按监控模式运行。被救援机车的监控进入补机模式。 半自闭区间或自动站间区间：监控按调车模式进入和返回（《操规》第四十一条）。被救援机车进入补机模式	
	6	救援机车反向运行进入区间、前部救援，推进退回发车站。反方向进入区间监控均按调车模式进入封锁区间，推进时按调车模式运行。被救援列车监控进入"补机"状态。推进控速不超过 30 km/h，列车前方由调度命令指派携带列调电话的胜任人员负责引导，指挥列车在进站信号机外方停车，确认进站信号机显示进站信号后（引导信号）将列车推入站内	
	7	救援机车正向运行进入区间、尾部救援，返回后方站。 自闭区间：按监控模式运行，机车信号接停车信号后停车转调车模式，至防护信号前再次停车联系确认，按要求连挂、试拉并进行制动试验，返回调车模式。 半自闭区间、自动站间区间：均按调车模式。被救援列车机车的监控装置进入补机模式	
	8	救援机车正向运行进入区间、尾部救援，正向推进至前方站。 自闭区间：按监控模式运行，机车信号接停车信号后停车转调车模式，至防护信号前再次停车联系确认，按要求连挂、试拉并进行制动试验，推进按调车模式，操作办法同第 6 条。 半自闭区间、自动站间区间：均按调车模式，被救援机车按监控模式（作用良好）	

续表

作业环节	序号	作业要点	标记
机车信号	9	自动闭塞区间上行线均为上行码、下行线均为下行码，注意及时转换机车信号	
开车	10	确认出站信号白色灯光，看发车手信号或使用列车无线调度通信设备发车	
区间运行	11	区间运行加强联控，距被救援列车 2 km 前必须控速 20 km/h 以下，自出站信号距离不足 2 km 时，自出站起速度不超过 20 km/h 运行，并做好随时停车的准备	
	12	距被救援列车 300 m 处或防护人员处，发现火炬信号、压上响墩后停车确认	
	13	距被救援列车 50 m 处一度停车，连挂后全列试拉，检查连挂状态	
	14	注意调整列车管定压要与被救援列车一致。按规定试风，确认列车管畅通状态	
区间开车	15	自动区间开车前，停车状态按压【开车】键，使用【车位】+【向前】调出机车头部后方通过信号机号码（滞后状态），运行至前方通过信号平齐按压一次【车位】+【向前】即可校准	
进站	16	进站时，必须严格控速，按进站信号机显示的进行信号或引导信号进站	
注意事项	17	跨越分相绝缘器救援时，执行防止掉分相措施。救援旅客列车时，管压调整为 600 kPa，连接客车列尾装置（简称客列尾）。被救援机车切除弹停装置或机车车辆走行部故障时，须进行滚动试验	

3. 担当客车救援处置流程

担当客车救援处置流程见表 4.3。

表 4.3 担当客车救援处置流程

作业环节	序号	作业要点	标记
调度命令确认	1	在途遇接到担当客车救援任务信息后，乘务员必须立即通知安全生产指挥中心及行车救助人员，由派班室负责转报车间主管，安全副主任上台监控，并尽可能安排添乘人员登乘机车进行指导	
	2	共同确认列车调度员（车站值班员）的命令：日期、命令号、区间、调度（值班员）姓名、进入（返回）区间车次、停车地点、限速要求、救援注意事项	
	3	停车位置不明、命令内容不清严禁动车。根据调度命令中停车位置公里标，根据机车监控数据显示公里标计算出机车距被救援列车 2 km 前应控速 20 km/h 以下的公里标（反方向救援时调车状态应走行的距离），并记录在手账中	

续表

作业环节	序号	作业要点	标记
调度命令确认	4	向应急指导人员汇报，复诵调度命令，听取注意事项。担当救援客车时应通知安全生产指挥中心，启动客车救援应急救援指挥机制	
联系方式	5	库出担当客车救援任务时，运用部门必须安排添乘人员，并携带所救援列车途中运行点单。装有 LBJ 的机车出段前，司机必须在"机车无线设备检测合格证"上"LBJ 功能"栏中确认列尾装置合格方准出库	
	6	临时接令担当客车牵引任务时，机车乘务员要主动与运用科联系，了解所担当客车途中办理客运业务站、时刻及运行标尺，详细记录于司机手账，以免漏掉乘降站；要求被救援客车司机提供列车运行点单，明确列车办理客运作业站，并在手账内进行标注，同时交接客列尾 ID 联系卡，进行客列尾连接，条件允许时可要求被救援司机到前端指导	
	7	被救援机车中途站摘机，救援机车担当本务机开车前由车站向司机递交《客运列车编组顺序表》（客运统 1 ）、《客运列车编组通知单》（客运统 1 乙），司机必须按要求交接票据，防止因漏交票据导致耽误列车	
	8	与客车车辆乘务员联系使用 457.7M 频率，联系不上时通知车站，并使用客列尾 ID 联系卡所留联系电话进行联系	
区间运行	9	担当客车救援任务时乘务机班必须双岗值乘，二人确认车站外勤值班员显示的发车手信号（添乘干部必须下车在站台上协助确认），严格执行旅客列车发车信号确认制度。发车信号好了后，先鸣笛后动车，加强后部瞭望，防止误发	
	10	将列车管压力调整为 600 kPa 进行制动试验，试验完毕具备开车条件后，按照列车调度员发布的限速要求、运行条件运行	
	11	旅客列车在停车站出站后，司机要选择合理时机减压 50 kPa 进行贯通试验，并通过列尾装置确认列车尾部风压；试闸地点应避开分相再试闸，防止动能不足停分相。客车列尾装置故障时，贯通试验时由司机与车辆乘务员进行尾部风压核对	
	12	变更固定径路时，列车调度员必须在变更点前的车站停车向该次列车的机车乘务员及相关车站发布变更径路运行的调度命令，并由停车站转交机车乘务员、具备良好通信记录装置的条件下，可由车站值班员使用列车无线调度通信设备转达。机车乘务员接到临时变更固定径路的调度命令后，必须在停车状态下根据实际走行径路选择输入相对应的客车交路号	
	13	进站停车可采用"三段制动法"：一段制动将列车速度控制在信号容许速度以内；二段制动将列车速度控制在车站道岔容许速度以内；三段制动使列车在站内停车	

4.3　出动救援列车救援时的基本要求

国家铁路、合资铁路、地方铁路、专用铁路和铁路专用线发生事故，造成人员伤亡、财产损失、中断行车及其他影响铁路正常行车的情况时，需要实施应急救援工作，最大限度地减少人员伤亡和财产损失，尽快恢复铁路运输秩序。救援工作总的要求：现场信息正确、信息传递快捷、救援出动快速、救援装备精良、组织指挥严谨、救援方案有效、分工配合密切、线路开通迅速。

4.3.1　救援列车的出动

（1）出动的前提。

铁路局调度所列车调度员根据铁路交通事故需要和事故现场请求，决定是否出动救援列车。需要出动救援列车时，由机车调度员向机务段发布出动命令，列车调度员发布开行命令。

（2）列车调度员下达救援出动命令后，应做到：

① 救援队确保 20 分钟内出动。

② 接触网工区和接触网检修作业车或接触网抢修列车接到出动命令后，确保做到白天 15 分钟、夜间 20 分钟内出动。

③ 救援列车接到出动命令后，确保 30 分钟内出动。

（3）救援指挥原则。

① 迅速将受伤人员送往医院抢救，最大限度地减少人员伤亡。

② 防止事故的蔓延和扩大。

③ 优先开通线路，后清理现场。电气化铁路遵循"先通后复"的原则。

④ 尽快组织救援队、接触网检修作业车（抢修列车）和救援列车进入事故现场进行事故救援起复工作。

⑤ 参加事故救援工作的有关单位和人员，按照任务要求，联劳协作、平行作业、交叉作业，争分夺秒，迅速组织起复作业。

（4）列车调度员下达救援列车出动命令后，应督促有关单位组织及早开车，并命令事故现场的有关站长在救援列车到达前，组织将事故列车首、尾部良好的车辆由区间或线路内拉出；同时，命令工务部门抢修被破坏的线路；命令供电部门拆除影响救援作业的接触网设备，保证救援列车起复作业的需要。

（5）在两列及以上救援列车根据调度命令，同赶赴一个救援现场时，由先期到达的救援列车主任勘察现场，拟定救援起复方案，报请现场总指挥批准。分头展开作业时，各自担任本救援列车指挥工作；同时在一个作业面展开作业或两台轨道起重机同时进行起复作业时，原则上由负责本区段救援任务的救援列车主任指挥。大小吨位不同起重机同步作业时，由大吨位起重机方的指挥人作为起吊工作指挥。

（6）救援列车出动一次作业程序。

① 救援列车值班电话必须实行 24 小时不间断值守制，休班人员通信工具必须 24 小时开机，外出时要请假。当接到路局列车调度员准备事故救援出动的通知或下达事故救援出动命

令时，值班人员应立即通知当班人员和休班人员，保证所有人员在 20 分钟赶到救援列车，待命出动。因客观原因，救援列车出动暂不能达到满员时，机务段必须制定人员补充应急方案或组织将人员送至事故现场。

② 值班人员在接收事故救援出动命令时，应尽可能向路局列车调度员了解事故现场概况，并将了解的情况向救援列车主任报告，以便救援列车主任根据事故现场情况提前向路局列车调度员提报起重机进入事故现场前的头向调整方案。

③ 当班人员接到救援出动通知或命令后，应按分工迅速撤除列车外接电源、水源及防溜设施，打开大门，做好连挂机车准备。起重机司机、发电工应检查起重机及发电机组，冬季做好启机前的预热准备工作。

④ 救援列车出动时，救援列车所属单位负责领导（异地救援列车为指定领导）应随救援列车出动。进口起重机出动时，段领导、救援车间主任应随车出动或乘其他交通工具先期赶赴现场。救援列车在所在站开车前，车辆检车人员应对车辆进行技术状态检查，中间站开车按铁路局《行规》有关规定执行。救援列车出动时，可不挂列尾装置。

⑤ 救援列车在开往事故现场途中，救援列车主任应召开事故救援预备会议，根据掌握的事故概况，对救援机具使用、起复方案、打支腿及捆绑等人员分工做出安排，并做好使用机具的准备工作。

⑥ 救援列车到达事故现场后，救援列车主任应向现场指挥部报到，并立即组织人员勘察现场，迅速提报 1 ~ 2 套起复方案（包括要求车务、工务、车辆、电务、供电等有关部门的配合方案），经现场指挥部批准后，立即组织实施。救援列车主任在执行职务时，有权拍发电报和使用调度电话以及铁路各单位的电话。

⑦ 救援方案优先顺序为拉复法、顶复法、吊复法、移（翻）出法进行复救；开通线路本着优先开通正线、双线区间先开通一线、干线与支线优先开通干线、站内先开通迂回径路的原则。

⑧ 对动车组及安装密接式车钩的车辆救援时，车辆的分离、连接、端头管线的处理及动车组裙板和零部件的拆卸，由事故现场车辆部门专业人员负责完成。动车组起复救援时，应使用专用救援机具，避免扩大损失程度。

⑨ 救援中由救援列车主任单一指挥，但其无权擅自更改救援方案。事故救援现场任何人不得干扰救援工作，并不准以任何借口阻碍救援方案的实施。作业中必须认真执行安全作业规定，电气化区段需要停电作业时，必须申请停电，接到停电命令，做好轨道起重机接地防护后，方准进行作业，确保行车、人身、设备安全。

⑩ 救援完毕后，列车调度员应迅速组织救援列车退出现场返回基地。救援列车返回基地后要立即做好列车整备工作，按规定做好防溜，并在三日内认真召开救援总结会，将事故救援工作报告上报铁路局安全监察室、机务处。

4.3.2 救援列车的日常管理

1. 救援列车的设置

根据铁路局运输生产力布局的变化，救援区段或救援列车设置可做相应调整，并报部批准。

以武汉局为例，铁路局设漯河、信阳、麻城、江岸、武北、襄樊、六里坪、枝江八列救援列车，设武汉北、襄樊为救援基地并兼培训演练基地。基地配备的江岸（武汉）、襄樊救援列车为特等救援列车，其余救援列车为一等救援列车。救援列车配置按表 4.4 所示。

路局救援列车业务指导工作由机务处负责。机务处应设救援列车专（兼）职管理人员。救援列车的日常管理由机务段（合资、地方铁路公司由公司指定机构）负责，实行段长（合资、地方铁路公司分管副总经理）负责制。机务段安全科应设置专职人员，负责救援列车的日常检查、指导工作；技术科负责救援列车设备质量管理工作；教育科负责救援人员的培训、考试工作。

机务处应经常对救援车间和救援列车的工作进行检查指导。机务段主管副段长每月检查救援列车不少于一次、安全科检查不少于三次。

2. 救援列车的管理

配属救援列车的机务段设救援车间，管理所属救援列车工作。

（1）救援车间设主任 1 人、副主任数人（兼任救援列车主任，数目按所辖救援列车确定），工程技术人员 2 人。救援列车主任的调整，须报经铁路局业务主管部门批准。

（2）救援列车设主任（车间副主任）、管理员，设救援工长、起重机司机长、起重机司机（学习司机）、起复工（兼钳工、熔接工、发电工）等技术工种。救援基地配属的救援列车如配备有特殊救援设备的，还应增设快速公路运输车司机 1 人、汽车起重机司机（兼操纵员）2 人、挖掘机操纵员 2 人，兼有救援培训演练基地的还应增加管理员 1 人。各工种实行三班制，定员按《救援列车人员设施配备表》配备。

（3）救援列车主任和专业人员应保持相对稳定。新调入人员，必须是高中（中专）文化程度及以上，年龄不得超过 40 岁（除特殊需要者），思想好、身体健康、责任心强。不适应救援列车工作岗位的职工应及时予以调整。

（4）救援列车专业人员每年必须进行 1 次体检，患高血压、心脏病、精神病、癫痫、伤残、深度近视等人员不得从事救援列车工作，如已在救援列车工作的，必须尽快调离救援列车岗位另安排工作。

救援车间主任和救援列车主任、管理员、工程技术人员及救援工长、起重机司机长，应由热爱本职工作，组织能力强，具有丰富的事故救援经验，熟悉掌握铁路行车有关规章和设备（机车、车辆、线路、桥涵、救援设备等）情况的人员担任，干部和工班长按人事任免权限任命。

3. 无救援列车车站的管理

无救援列车的编组站、区段站和二等以上车站，应组织有关站（段）专业人员，组成不脱产的事故救援队。日常管理、救援机具配备、培训演练由铁路局根据实际情况确定。

（1）救援队长应由铁路局指定与行车有关的车务段长或车站站长担任。救援队由车务、机务、工务、电务、车辆、供电等人员组成，并编制人员名册，报铁路安全监督管理办公室批准后，由救援队长通知队员及所属单位。人员名册、联系办法及设备配置情况等资料应提交给所在区段的救援列车备案。本单位救援队人员发生变化时，所属单位应立即告知救援队长，保证救援队伍相对稳定。

表 4.4　救援列车配置

配属段及名称	驻在站及停留点	停靠方向	救援列车编组顺序	救援范围	轨道起重机型号	负荷/t	全列速度限制/(km/h)
襄阳机务段襄阳救援列车	襄阳站西整备场机7道	北	内燃吊160t｜游车｜工具车051｜发电车127｜餐车129｜宿营车121｜指挥车126｜工具车122｜游车｜内燃吊100t	焦柳线：郧督站（局界）至荆门南站（不含）；汉丹线：丹江站至安陆站（不含）；荆沙线：荆门南站至沙市站；襄渝线（局界）至小林站（不含）；浩吉线：灵宝东站（含）至兴隆坡站（含）；	N1004-2008 NS1601C-1037	100 160	80
襄阳机务段宜昌救援列车	宜昌东站宜昌折返段机16道	东	内燃吊160t｜游车｜工具车084｜工具车049｜发电车081｜餐车083｜宿营车080｜指挥车082	焦柳线：荆门（东）站（含）至宜昌东站；长荆线：荆门（局界）至沙洋站（不含）；沪蓉线：潜江站（含）至长阳站（不含）；鸦宜线：鸦雀岭站至晚溪塔站	NS1600-036	160	120
襄阳机务段恩施救援列车	恩施站恩施折返段J2道	东	内燃吊160t｜游车｜工具车087｜发电车088｜餐车085｜宿营车086｜指挥车090	沪蓉线：长阳站（含）至凉雾站（局界）；	NS1602-4019	160	120
江岸机务段江岸救援列车	武汉北站救1道	南	内燃吊125t｜游车｜工具车065｜指挥车067｜宿营车066｜餐车068｜发电车139｜工具车0005｜游车｜内燃吊160t	沪蓉线：潜江站（局界）至敦义堂（局界）；汉丹线：汉口站至安陆站（不含）；长荆线：长江埠站至东杨站（不含）；	NS1251-1001	125	120

续表

配属段及名称	驻在站及停留点	停靠方向	救援列车编组顺序	救援范围	机车起重机 型号	负荷 /t	全列速度限制 /（km/h）
江岸机务段江岸救援列车	武汉北站 救 1 道	南	内燃吊 125 t、工具车 065、指挥车 067、宿营车 066、餐车 068、发电车 139、工具车 0005、游车、内燃吊 160 t	京广线：东双河站（含）至汉阳站（不含）；麻武线：武汉北站至许昌东站（局界）至赤壁北站（局界）；京广高速专：武汉北站至红安站（局界）至汉口站至天（局界）；江汉城际铁路：天仙线及天潜线；武西高速铁路：汉口站至天潜线十堰东站；郑渝高速铁路：襄阳东站至邓州东至	NS1600-005	160	120
江岸机务段麻城救援列车	麻城站 麻城机务折返段 J7 道	北	内燃吊 160 t、工具车 JY25B 0013、工具车 074、发电车 079、宿营车 076、餐车 077、指挥车 078、游车	京九线：淮滨站（局界）至；蔡山线：宁西线：冈岗站（局界）至固始站（局界）至小林站（局界）至；麻武线：麻城站至红安站（含）	NS1600-013	160	120
江岸机务段漯河救援列车	漯河站 漯河机务折返段 J1（12）道	北	内燃吊 160 t、工具车 132、宿营车 136、餐车 135、发电车 133、游车、内燃吊 125 t	京九线：孟庙站（局界）至；蔡山线：孟庙站至余管营站至（局界）；宁西线：冈岗站（含）至小林站（局界）至；漯阜线：漯河东站至漯钢；漯舞线：漯河东站至安站；漯河救援列车应急救援出动时，调度所安排机车将救援列车整列牵出、再推送至漯河客场，自漯河客场发车	NS1252-2017 （停放漯河折返段 J2 道，必要时随整列出动）	125	120
江岸机务段武昌救援列车	武昌南站 集团公司救援基地 救 3 道	南	内燃吊 160 t、工具车 112、发电车 115、宿营车 111、餐车 114、游车、餐车 56	京广线：汉阳站（含）至漯浦折站（局界）；武九线：武昌站至西河村站（局界）至；武咸城际铁路：武昌东站区	NS1602-4015 NS1601C-1039	160 160	120 120

（2）救援队长会同有关单位制定日常联系、召集和出动办法，制定管理制度。救援队在事故救援中接受救援列车主任的指挥，积极主动地参加救援工作。

（3）救援队及各单位必备机具、备品、器材由铁路局负责购置；应存放在固定地点，指定专人保管，定期维护保养，除事故救援需要外，禁止动用。

（4）铁路局每半年应组织对救援队检查一次。

4. 救援车间及列车人员职责

救援列车人员配备见表4.5。

表 4.5   救援列车人员配备表

三班制	一等救援列车	特等救援列车
主任	1	1
管理员	1	1
救援工长	2	2
起重机司机长	1	1
汽车司机		1
挖掘机操纵员		2
汽车起重机司机		2（兼操纵员）
起重机司机	（每班1）共计3人	（每班2）共计6人
起复工（钳工3人、熔接工3人、发电工3人）	（每班8）共计24人	（每班8）共计24人
合计	32人	40人

（1）救援车间主任应负责车间各救援列车的全面管理工作。

①制订年度和月度工作计划，并组织各救援列车予以实施。督促车间技术员按期向路局、机务段有关部门提报车辆、机具、设备等更新和检修计划。有权对人员的调整、补充向上级部门提出建议。

②组织细化编制救援工作岗位标准、作业规程、作业标准、考核制度；编制符合救援特点的事故救援预案；组织并督促各救援列车技术演练和业务学习的落实；配合有关单位，安排对行车人员进行救援知识培训。

③配合教育部门对救援列车专业工种的技术培训和考试，以事故和救援案例为课题，组织研究和不断改进救援机具及作业方法，提高救援工作效率。

④每月召开一次车间月度工作会和质量管理专题会议，总结上月工作，布置当月重点，对各救援列车设备的质量进行专项分析，及时解决存在的问题。

⑤接到出动命令后，应随所在地救援列车出动。如异地救援列车出动时，应赶往现场并协调救援工作。

⑥每月对各救援列车检查指导不少于1~2次，检查救援列车各项制度的执行和主要救援设备质量情况，确保列车随时处于出动状态。

⑦按时完成上级领导交办的其他工作。

（2）救援列车主任（车间副主任）在车间主任的领导下，负责本列车的全面管理工作。

①组织实施车间制订的年度和月度工作计划，向车间和有关部门提报本列车起重机、车辆，主要设备检修、临修计划。

②组织人员学习与救援工作相关的岗位标准和作业规程、作业标准；组织学习特殊情况下的事故救援预案；组织日常救援技术学习和演练；按铁路安全监督管理办公室工作布置，组织对所辖救援队进行救援知识培训和设备检查。

③接到出动命令后，快速反应，周密部署，召集本列车人员及时出动，到达现场后立即组织人员勘察现场，制定救援方案报现场指挥部批准后组织实施。对现场救援工作负责全面指挥，对救援作业安全负全责。

④救援完毕后，组织召开总结会，并书面上报救援总结。以事故和救援案例为课题，研究和不断改进救援作业方法，提高救援工作效率。

⑤按月组织对救援设备进行质量检查，落实设备的日常养护和维修工作，确保设备时刻处于良好状态。

⑥按时完成上级领导交办的其他工作。

（3）救援车间工程技术人员在车间主任的领导下，负责各救援列车的技术管理工作。

救援列车驻地主要设施配置见表 4.6。

表 4.6　救援列车驻地主要设施配置

顺号	名　称	规　格	数量	单位	备　注
1	列车停留线		250	m	
2	练功线		100	m	演练基地设 3 条线
3	检查坑		20	m	每台救援起重机
4	遮阳防雨棚		250	m	每台救援起重机（有车库减去其长度）
5	工作平台				每台救援起重机两侧
6	房屋		600 以上	m²	设备、健身、钳工、办公、学习、值班、浴室、锅炉、食堂、危险品、油脂、配件、备品用房
7	台式计算机		1	台	含打印机
8	砂轮机		1	台	
9	台钻	直径 32 mm	1	台	
10	手提钻	直径 18 mm	1	台	
11	切割机		1	台	
12	电焊机	380 V	1	台	
13	充电器	380/220 V	2	台	
14	氧气乙炔切割器		1	套	
15	通用维修工具		2	套	
16	五金工具		2	套	
17	生活锅炉		1	台	
18	空压机		1	台	

①制定轨道起重机、发电机组、液压起复等救援设备、机具的操作细则和维护保养办法，督促、指导各工种正确使用设备及工机具，及时解决救援工作中发生的技术问题。

②负责各救援列车、事故救援队（班）等人员救援专业的技术培训工作；组织救援起复工作的经验总结和交流；定期组织救援列车的技术演练和技术业务的考试。

③根据机车、车辆的变化情况和提高救援工作效率的需要，不断研制、改进救援机具和救援方法。

④检查救援设备、机具的维护保养情况和关键部件的质量状况，对存在的问题提出改进意见和措施，不断提高设备质量。

⑤负责按时向有关部门提报轨道起重机、救援设备、机具和车辆的维修计划及质量不良状态书，保证良好的设备质量。

⑥制定主要救援设备的应急故障处理办法和应急预案。

⑦按时完成上级领导交办的其他工作。

（4）救援列车（基地）管理员在车间主任和副主任的领导下，主要负责以下工作：

救援列车特种物品配置见表 4.7。

表 4.7　救援列车特种物品配置

顺号	名　称	规　格	数量	单位	备　注
1	防毒呼吸器	背包式	5	套	带面具、氧气罐
2	无线调度电话	带录音	1	台	安装在指挥车上
3	车载移动电话	带录音	1	台	安装在指挥车上
4	无线对讲机		8	台	可无线转有线
5	移动电话		每人	只	出动召集用（自购）
6	摄像机		1	台	事故救援现场拍摄
7	照相机		1	台	事故救援现场拍照
8	投影仪		1	台	教育培训用
9	影碟机	DVD、VCD	1	台	教育培训用
10	秒表		3	只	演练、体能测试用
11	手提式扩音器		2	只	事故救援现场指挥用
12	笔记本电脑		1	台	快速救援处置预案应用系统
13	动静态图像设备		1	套	接收事故现场图像

①管理救援基地和救援列车的财务、材料和后勤保障等事宜。对经管的物品要做到账、卡、物相符，并严格执行请领、发放制度和财经纪律。

②负责救援基地的培训、演练事务；负责事故救援现场有关人员的伙食供应，备品发放、收回和事故救援后的费用清算以及工具、备品的补充等工作。

③认真细致地做好车间和救援列车的劳动力定额管理、考勤审核、汇总呈报、工资奖金清算及核对、发放等工作。

④各车保管使用的备品、工具及配属个人使用的劳动保护用品应按使用处所填写分账户，

由保管使用者签字后汇总保存。

　　⑤ 保管救援车间、基地或救援列车的有关台账和资料；协助车间或救援列车主任处理日常事务性工作。救援列车主任不在时，代行其职责。

　　⑥ 按时完成上级领导交办的其他工作。

　　（5）救援工长在救援列车主任领导下，主要负责以下工作。

　　救援列车专用车辆配置见表 4.8。

表 4.8　救援列车专用车辆配置表

顺号	名　　称	数量	说明及改造要求
1	宿营车	1	应具有取暖、防暑、灭火器具
2	指挥车	1	应具有取暖、防暑、灭火器具
3	餐车	1	应具有取暖、防暑、灭火器具
4	发电车	1	应具有取暖、防暑、灭火器具
5	工具车 2	1	应具有取暖、防暑、灭火器具
6	工具车 1	1	应具有取暖、防暑、灭火器具
7	吊臂平车	1	特等救援列车增配 1 台起重机和吊臂平车
8	轨道起重机	1	

　　① 负责救援人员的工作考核和考勤登记工作，并认真做好工班长日志记录。

　　② 协助主任勘察事故现场，拟定救援起复方案，并带领职工安全迅速地开展救援起复作业。

　　③ 救援列车返回基地后，及时组织对救援列车的全面检查、保养和整备工作，确保救援列车始终处于良好状态。

　　④ 按救援设备、机具的操作规程、细则和维护保养办法，组织本班人员对所使用的救援设备、机具进行日常养护，保证救援列车的各种设备、机具、工具、器材质量良好。

　　⑤ 协助主任和工程技术人员组织救援起复工作的经验总结和交流；配合研制、改进救援机具和救援方法。

　　⑥ 组织职工开展政治、技术业务学习和岗位技术演练。

　　（6）起重机司机长在救援列车主任领导下，主要负责以下工作。

　　救援列车主要设备机具配置见表 4.9。

表 4.9　救援列车主要设备机具配置表

顺号	名　　称	规　　格	数量	单位	备　　注
1	液压起复机具	100 t	2	套	含横移装置
2	液压起复机具	50 t	1	套	含横移装置
3	液压破拆设备		1	套	剪、撑
4	人字形复轨器	普通型、98 型	各 1	套	
5	海参形复轨器		1	套	
6	逼轨器		2	组	

续表

顺号	名　称	规　格	数量	单位	备　注
7	千斤顶	8 t、15 t、32 t、50 t	各3以上	只	液压、螺旋
8	合成纤维吊带	各机车、车辆		套	
9	吊具	各机车、车辆		套	采用铝压套结构
10	索具	各机车、车辆		套	包括台车加固器
11	钢丝绳	各机车、车辆		套	采用铝压套结构
12	简易台车		1	组	
13	动力锯		2	台	
14	发电机组		2	台	
15	电焊机		1	台	
16	氧气乙炔切割器		2	套	
17	潜水泵		1	台	
18	汽油机照明灯具		1	台	
19	便携式照明灯具		10	套	
20	起重机应急配件		1	套	
21	起重机支腿垫块		1	套	
22	迪尼玛吊带		1	套	
23	等离子切焊机		1	套	
24	便携式复轨器		1	套	
25	气袋		1	套	

① 带领起重机司机进行救援起重机的日常维护、自检自修，保持起重机及吊索具等状态良好。

② 负责起重机检修活件的提报，检修回送的状态检查，检修期间的盯活和验收。

③ 负责起重机蓄电池的日常维护保养，按时检查和补充电解液，对线接头进行防锈处理。

④ 协助救援列车主任确定救援起复方案，带领职工按规范操作，负责起重机支腿的安全确认，迅速进行起复作业。

⑤ 组织本车职工开展政治、技术业务学习和岗位技术演练。

⑥ 救援列车返回驻地后，进行全面整备检查，确保起重机始终处于完备状态。

4.3.3　救援列车十项管理制度

1. 值班制度

（1）救援列车工作制度为24小时三班轮班制（即早上8:00至次日早上8:00为1个班次，特殊情况机务段可做相应调整），每班当班人员特等救援列车不少于9人，一等救援列车不少于8人。休息时遇有救援召集，休班人员应立即赶到救援列车。

（2）救援车间应制定日班工作制度（即8小时作息时间，包括学习、演练、保养、体能训练、清洁卫生等工作内容），各救援列车应认真落实。

（3）救援工长、起重机司机长具体负责本班的日常学习、演练、设备保养检查、体能训练、起重机和专用车辆的安全巡视等工作；具体负责轨道起重机的日常检查维护、使用安全和质量状态。

（4）值班电话必须 24 小时派人值守，电话值班人员负责接听电话、接收命令、召集人员，负责做好室内外卫生和安全工作，做到不漏接救援电话、错传命令。接收命令应抄写清楚、完整，接到出动命令应立即发出救援警报召集当班和休班人员出动，并立即报告救援列车主任和值班工长。

（5）救援值班电话是路局总调度室下达事故救援命令专用的通信设备，任何人均不得用值班电话闲谈。因私自占用值班电话而影响救援命令的发布，责任者要严肃处理。救援值班电话要做到电话铃响立即接通，铃响超过五声未接时，按值班人员脱岗进行考核。

（6）值班人员必须坚守岗位，任何人不得擅自离岗。电话值班人员一般不得请假，遇有特殊情况需要短时（30 分钟内）离开岗位时，应向本班负责人请假，说明去处，经允许并安排替班人员后，方可离开岗位。

（7）值班人员必须遵守作息时间，日常除做好出动救援的准备工作、坚守岗位外，还必须进行设备、机具、备品的检查、保养、维护工作。值班人员迟到、早退、中途溜岗按有关规定进行考核。

（8）值班人员在值班期间不得从事工作以外的其他事情，不得干私活，不得从事赌博、封建迷信等违法活动。开展娱乐活动应由工会组织，要有计划、有具体安排、有负责人，在规定的地点进行活动。

2. 交接班制度

（1）救援列车各岗位实行交接班制度，交班会议时间为每天 8:00。交接班全体人员参加交班会。

（2）由当班工长或司机长负责点名，由主任或管理员简单总结前一天的工作情况，根据工作计划对当天工作进行分工、布置。

（3）交接班各岗位由救援工长或司机长组织对口交接，并负责填写工长日志，把当天的学习、演练、设备保养等工作情况记录准确、全面、详细。特别是各项设备质量状态交接时记录清楚。

（4）各岗位人员在交接时，交班人员应将设备状态向接班人员说明清楚，特别是存在不良处所或者有遗留问题时，要将不良处所和处理情况以及注意事项向接班人员交代后，方可下班。对于故意隐瞒问题，推卸、转嫁责任的，将按有关规定进行处罚。

（5）交班人员应将使用过的设备打扫干净，并填写好使用记录，接班人员认为设备不整洁或者质量存在问题，可以拒接，要求交班人处理恢复完毕后，再接班。

（6）接班人员一经接班，则对设备质量、工作场所卫生负责，并对本岗位的设备进行一次全面清查。

（7）轨道起重机每次使用之后由交班人填写运行记录，接班人检查并签名。

（8）接班工长或司机长应对救援列车的防溜、防盗、防火工作进行一次全面巡视。

3. 学习制度

（1）为了加强救援列车专业人员的业务理论学习，不断提高救援技能和人员综合素质，救援列车应建立学习制度。

（2）业务学习是日常工作中的一项重要内容，必须做到制度化、经常化。机务段、救援车间、救援列车要制订年度、月度学习推进计划，不断提高职工救援业务水平。

（3）机务段、救援车间应努力为职工学习创造条件，鼓励职工学习业务、钻研技术，提高本职工作能力。

（4）业务学习以集中学习为主、个人自学为辅，每周一、二、三为集中业务学习时间（技术演练属业务学习范畴）；周四为政治学习时间；周五为设备保养时间。救援列车每周组织业务学习时间不得少于6小时。

（5）业务学习以《铁路交通事故应急救援规则》《铁路救援列车管理办法》等文件，救援基础知识、案例，特殊情况下铁路交通事故救援预案，新设备、新机具、安全操作规则及救援业务技术等内容为主。授课人应认真备课、授课，确保教学质量。

（6）建立业务学习台账，认真做好记录，月度工作会议对学习计划的实施情况要进行小结，检查学习效果。

（7）机务段教育科、安全科每半年组织进行一次理论考试，并将考卷留作备案，成绩由教育科记入个人档案。

（8）日常学习实行点名制，对于迟到、早退、缺课、考试成绩不及格者按有关规定进行考核。

4. 会议制度

（1）救援车间（列车）会议内容包括有月度工作计划会、质量专题会、救援总结会、职工大会等。

（2）会议一般由救援车间（列车）主任负责主持，参加人员根据会议内容由主任决定，对于车间重大事情应按《议事规则》程序进行。

（3）救援列车职工大会一般在交接班后召开（遇有特殊情况，按临时通知办），下班人员也应参加，待开完会议之后再下班，不给予补休。

（4）工作总结、计划和质量专题会议应在每月初召开，由车间主任组织，总结上月工作情况以及布置下月主要工作计划。

（5）主管领导、技术科、设备及检修车间应参加救援车间月度质量专题分析会，对救援起重机、柴油发电机组、车辆、液压起复工具、吊索具等主要救援设备进行分析，对存在的管理或质量问题要落实到人，限期整改。

（6）每次救援完毕返回驻地后，救援列车主任应在三日内召集全体职工召开救援总结分析会（主管领导、段安全科、救援车间参加），要求参加救援的人员认真总结救援起复中的成功之处和存在的问题，分析产生问题的原因，针对存在的问题，提出整改意见和措施，并做好会议记录。

（7）支部会议由支部书记主持召开。工会、治保小组、消防队、调解小组会议由组织负责人主持召开。

（8）班组会议由救援工长、司机长召集班组职工参加，布置班组工作计划和分析安全情况，并在班组台账中做好记录。

5. 技术演练、竞赛制度

（1）为了鼓励和促进广大职工学习技术、钻研业务、遵章守纪、努力工作，建立激励约束机制，根据有关要求，救援车间应制定救援列车技术演练、竞赛制度。

（2）救援列车每半月进行一次吊复、顶复综合演练，演练应组织当班和下班人员参加。救援列车所在地不具备演练条件需转场演练时，由救援列车向局机调提出口头申请，局机调应发布命令并布置相关车站和安排调车机转线予以配合。

（3）主管副段长每半年组织一次针对本区段主型机车、车辆的综合演练，由车间负责实施，救援列车主任或工长指挥，车间负责考评。为了更好地发挥竞赛的激励作用，演练、训练按有关考核评分标准进行考核，考核成绩记入个人技术档案，对成绩优异者由机务段给予奖励，并作为年度评先的依据。每次演练完毕，应组织参加人员进行总结分析，查找存在的问题，制定整改措施。

（4）机务段对起重司机操作检查，学习司机给油，起复工捆绑加固台车，发电工检查电路、供电，钳工、熔接工实作等基本功竞赛，每年组织不得少于 1 次。

（5）救援车间应制订日常体能训练计划，救援列车每周应组织一次职工体能训练。

（6）各种演练和体能训练，要认真落实并做好相应记录（业务学习和工班长日志）。

6. 安全作业制度

（1）为了确保救援现场起复作业的安全，应制定救援列车安全作业制度。

（2）救援列车特殊工种作业人员必须经过特种行业作业人员培训合格后，取得合格证者，方可从事事故救援起复作业。

（3）要加强事故现场劳动安全的管理，加强关键环节的控制和设备安全使用管理，各项设备操作必须严格按有关操作规程进行，任何人不准无驾驶证操纵起重机。

（4）救援列车人员在现场作业中，应分别穿戴和佩戴醒目标志，应严格执行安全操作规程及作业纪律，并随时注意人身及设备安全。

（5）在事故救援作业中，必须认真执行作业安全规定，工作中严禁简化作业。指挥人员和轨道起重机司机、起重工等必须严格执行《救援列车轨道起重机司机作业规则》《救援列车起重工安全作业规则》和《防止轨道起重机倾翻脱轨安全措施》的有关规定，严禁违章操作、盲目蛮干，确保轨道起重机自身的安全。

（6）在事故救援起复作业中，实行单一指挥，指挥人员应根据部颁标准的指挥信号要求及局定的伸缩臂指挥信号标准，与起重机司机进行联系，发出的信号必须清晰准确、利索果断。作业人员按照分工、服从指挥、集中精力、高度协调、各尽其责，当发现有危及人身和设备安全的情况时，发现人应立即发出制止信号。指挥人员、轨道起重机司机、起复工应密切配合，严禁在工作中闲聊或者从事与工作无关的事情。

（7）指挥人员应站在起重机司机能看清指挥信号的安全位置上（无线电指挥除外），当指挥人员不能同时看清司机和负载时，必须增设中间人员传递信号，当发现错传信号时，应立即发出停止信号。指挥人员发出信号时，要目视司机，司机鸣示回答信号之后，要注意事故机车车辆动作和起重机安全，发生危险时立即发出停止信号。同时指挥两台起重机同步作业时，应双手分别指挥，确保同步，分别动作时，应确保每一台起重机安全。

（8）在电气化区段需要停电作业时，必须申请停电，接到停电命令，由供电部门挂好接地线并对轨道起重机做好防护后，方准进行作业。

（9）在恶劣天气和不利地形进行救援起复作业时，必须首先考虑吊机自身安全，在制定起复方案时，要考虑打支腿、吊臂作业有无障碍物，制定安全措施后，方可进行起吊作业。

（10）当吊起事故机车、车辆移动时，应避开人员和障碍物，降落前，必须确认降落区安全后方可降落。严禁在吊件下面通过或逗留；严禁在悬吊的重车辆或者机车未做好安全防范措施之前钻入车底作业。拉复作业周围不得站人。

（11）起吊重物时严禁吊机停机熄火，或者司机离开吊机，不得同时进行两种及以上的动作，并注意滚筒上的钢丝绳不得少于三圈。任何情况下，禁止起吊超过起重机标志牌所标的起重能力的物体。

（12）顶复事故车一端时，横移梁必须放平，下部垫实，另一端台车应打好止轮器；顶镐顶部放置防滑木块或棉纱。在事故车复轨前，严禁操作人员钻进车底。

（13）加内、外铁环时，液压泵操作人员应听从指挥，操作保持平稳协调，以防伤人。当多人一同挂索捆绑时，应做好呼唤应答。

（14）设备操作人员必须熟悉本设备性能和安全作业指导书，严格按章操作。安全作业实行逐级负责制，在现场作业中，救援工长对班组人员和设备安全负责，起重机司机长对吊机安全负责，救援列车主任对救援作业安全全面负责。

（15）对装载各种液化气体、易燃液体、酸碱腐蚀性液体、电石、黄磷、硫黄、剧毒农药和氧化剂等重大危险货物的事故车辆，起复时做到：

① 必须经专业人员处理并确定保证人身和作业安全后，采取防护措施后方准进行起复作业。

② 事故车分离、移动、起落时，严防撞击、坠落。

（16）需要同时使用两台起重机时做到：

① 禁止起吊超过起重机起重能力作业。

② 当一台起重机发生异状时，两台起重机应同时将物件放下。

③ 司机应注意两台起重机的距离不致危及安全，两台起重机在作业中需要靠近时，应在指挥人员引导下进行，并互相鸣笛警告，以防冲撞。

④ 轨道起重机在作业前，必须确认地基是否牢固、支腿是否压实，在条件具备时方可进行旋转或起吊作业。

7. 设备、机具保养和检验制度

（1）为了确保一切救援设备、机具随时保持状态良好，明确"用、管、修"的责任，定期进行日常检查保养，必须建立主要救援设备、机具保养和检验制度。

（2）要加强发电机组的日常维护保养工作，发电机组保养由发电工按《发电机组日常保养及自检自修范围》执行，并做好记录。发电机组发生规定范围以外的修程和无法处理的临时故障，由机务段委托的承修单位负责，按承修合同签订的质量要求和规定进行验交。发生的费用由机务段按规定列支。

（3）蓄电池按照谁使用谁负责的原则，每月对蓄电池充电检查一次，测量电压、密度、液面高度。照明灯具、电线的日常检查保养由发电工负责，每周进行一次清洁保养；对供电、柴油机和发电机每周试机一次，进行动态检查；泛光灯每半月检查充电一次，每次使用之后进行充电；不论是汽油发电机还是柴油发电机在检查操作中严禁烟火。

（4）液压起复破拆等设备、工具、顶镐由钳工负责日常检查保养工作，每周试机保养一次，每月进行一次负重试验，每年更换液压油一次。

（5）氧气、乙炔由熔接工负责日常检查保养工作，每月检查一次压力，看是否满瓶，不足应及时更换。各种压力仪表（包括氧气压力表、乙炔压力表、风压表、液压表等），由机务段按规定进行定期检验。

（6）吊索具、拼装式台车由起复工负责日常检查保养工作，每月一次清洁保养，每次使用之后进行保养检查；吊钩、卡环每次使用之后应进行检查。

（7）轨道起重机的主、副钩在每次吊机定检时，由机务段负责探伤，定检前做预报时写清楚，并做好探伤记录，交接时互相签字。

（8）设备、工具每次使用、检查、保养之后应做好台账记录，不良处所应及时处理，无法处理的应逐级上报，以便尽快处理，确保正常使用。

（9）救援列车每月底对设备、工具、备品等保养情况进行一次全面检查，结合现场使用情况进行考核，按照"谁保管、谁使用、谁负责"的原则，把检查情况落实到人，并按有关规定进行考核。

8. 备品、配件管理制度

（1）为了确保救援现场、日常值班需要，救援列车备品、主要设备配件应做到规格、种类齐全，作用良好，并制定备品、主要设备配件的管理制度。

（2）救援列车备品由管理员负责保管检查，备品的种类、规格、数量根据有关规定执行，做到种类、规格、数量齐全。所有备品应登记入账，注明购买日期，使账、卡、物保持一致。

（3）值班驻地和列车上配属的卧具、生活用品应按规定摆放整齐；不得挪作他用。

（4）车上备品每月检查一次，保持清洁卫生。饮用水及食品应经常检查或更换，注意保质期，做到不霉、不腐、不变质。

（5）备品的发放和回收由管理员负责，救援完毕应及时回收发放的卧具、工作服、雨具等，要洗净晒干，妥善保管。备品在救援中发生损坏和消耗时，应及时补充和修复。备品购置和消耗均应有进、出账记录，将品名、数量、用处、日期记录清楚。

（6）吊机配件应有专门的库房存放，建立卡片、台账，注明名称、规格、数量，由司机长负责保管和维护保养，每季度进行一次检查，做到账、卡、物相符。

（7）各种配件应做到种类、规格、数量齐全，实行定置科学管理，做好防潮防锈工作，确保配件性能良好；各项设备的配件由该设备使用人负责管理。

（8）对于易损配件应放在设备附近，以便更换。

（9）各类配件应建立台账，在每次使用、维修、更换中减少的配件，应向车间汇报，以便及时补充，经常保持有足够的配件。配件购置和使用中的消耗应有进、出账记录。

9. 防寒整备制度

（1）防寒期为每年的 11 月 15 日至次年 3 月 15 日，救援人员应参加职教科组织的防寒知识培训和考试。

（2）冬季来临之前，救援列车应召开防寒工作会议，布置防寒工作，落实防寒物品、油料、材料、备品以及分管责任人。

（3）进入防寒期前的铁路轨道起重机最后一次小修，要做好防寒处理。柴油发电机组的防寒比照轨道起重机处理，车辆水箱不得存水。

（4）按时更换轨道起重机、柴油发电机组的润滑油脂及燃油，严禁油脂混用。起重机和各车辆脚蹬应包扎。

（5）轨道起重机的防寒整备工作由司机长负责，带领轨道起重机司机、学习司机具体实施；日常保持燃料、油脂充足，蓄电池电量充足，冷却水加防冻液。

（6）当气温在-7 ℃以下或出现冰、霜冻时，柴油机要进行打温，并做好保温工作；为了减少因启机困难而影响工作，应准备应急措施。

（7）发电机组的防寒工作由发电工负责实施，日常保持燃料、油脂充足，蓄电池电量充足，冷却水加防冻液，使用 10# 柴油。

（8）其他机具的防寒整备工作由救援工长负责，各工种根据所分管的范围分别进行或集中进行；防寒物品、油料、材料、备品应妥善保管，专人负责，保持数量充足。

（9）防寒期内，布置月度工作计划时应对防寒工作提出要求；每天交接班时要对设备的防寒情况纳入设备交接的一项内容进行说明，并在工长日志中记录清楚。

（10）对于因防寒工作不到位，造成设备冻裂损坏或不能启机影响工作的，按有关规定进行考核并追究责任。

10. 考核和考勤制度

（1）为了严格值班人员的考核和考勤，严肃劳动纪律，保证对口交接，遵守作息时间，应制定救援列车值班人员考核和考勤制度。

（2）由当班工长或司机长负责当班人员的考勤记录，掌握当班人员动态情况；考勤表必须按规定当日填写，不得随意涂改。

（3）迟到、早退、旷工和请假、补休、公休、公差人员均在考勤表中记录；零星假应按规定登记；职工请假应交请假条，补休应交补休条，经救援列车主任批准后交管理员登记，逾期不交按旷工处理。

（4）每月零星假累计满 8 小时，按一天事假计算，不满 8 小时不计。

（5）不请假外出，不按规定时间值班，违反劳动纪律、技术纪律的依照有关规定进行考核。应随时掌握人员动态情况，对"两违"现象做好记录，并报车间备案。

4.3.4 救援列车防火、防盗管理制度

（1）严格救援列车值班纪律。当班人员必须坚守岗位，对本岗位的设备及管辖区域防火、防盗负责。

（2）各车辆均应配置两个灭火器。救援列车配备的防火机具、设备应按期检验，确保标

识清晰，保证质量。

（3）严禁在车厢内乱点火炉，烟头、火柴梗须放入烟灰缸内。

（4）加强对电器的管理。各车厢照明及其他电线路要严格按防火要求配置，对餐车的炉灶要实行专人管理。

（5）值班工长或司机长每日对救援列车车辆走行部进行一次详细检查，检查结果纳入交接班主要内容。对检查出的问题，要认真处理。

（6）铁路轨道起重机司机离开起重机时，要锁闭门窗，对臂架平车上的工具箱要有专人负责，并加锁。

（7）工具车、发电车、会议车、宿营车、餐车离人时，要锁闭门窗，并定期清点设备、工具和材料备品。

（8）救援列车出动时，救援基地应留人看守，日夜值班，做好防火、防盗工作。

4.4　特殊情况下的铁路交通事故救援预案

为了缩短特殊情况下铁路行车交通事故救援时间，尽快开通线路，恢复正常运输生产秩序，特制定本预案，本预案适用于隧道、接触网下、桥梁、坡道、军事运输及特殊物资、动车组起复救援。

1. 隧道内的起复

隧道内事故见图 4.16。

图 4.16　隧道内事故

双线区间作业时必须封锁邻线。

具体办法如下：

（1）如线路、车辆转向架未损坏且在复轨器有效复轨范围内，利用拉复。

（2）如线路、车辆转向架未损坏，超出复轨器有效复轨范围的，利用液压起复设备顶复。

（3）如车辆台车破损，可利用千斤顶将其车体顶起，拉出破损的转向架，更换备用转向架或代用台车复旧。

（4）如车辆走行部全部破损且线路损坏，可将事故车辆强行拉出隧道，再移出限界，更换转向架或装车回送。

（5）利用伸缩臂式轨道起重机作业时，起重机进入隧道本线对位于事故车前端钩头，采用吊钩头的方法起吊复轨，以缩短救援时间。

2. 接触网下的起复

接触网下事故见图4.17。

图 4.17　接触网下事故

（1）准备使用工具：轨道起重机、支撑梁、复轨器、逼轨器、钢丝绳、尼龙吊带或迪尼玛绳、晃绳、机车车辆台车捆绑索具、液压横移设备、破拆设备、气垫、打支腿所用的枕木、套钩、牵引钢丝绳、止轮器、切割工具。

（2）救援基本条件：

① 由供电部门对接触网实施停电。起重机作业侵入邻线时，邻线必须停电。

② 使用伸缩臂式起重机仅限于本线且脱轨距离较近时的事故车辆，可采用单端起复，可不拆网。

③ 超出拉复、顶复和单端起吊作业范围起重机进行起吊作业时，由救援列车主任根据现场情况向现场指挥部提出拨网或拆网要求，清除影响起重机作业的障碍物等，再进行吊复或装车作业。

④ 根据现场情况由供电部门提供照明设施。

（3）具体办法：

① 如线路、车辆转向架未损坏且在复轨器有效复轨范围内，利用拉复。

② 如线路、车辆转向架未损坏，超出复轨器有效复轨范围的，利用液压起复设备顶复。

③ 进行吊复作业如起重机回转影响邻线时，救援主任应根据事故现场实际情况向现场指

挥部负责人提出拆除或拨移邻线影响吊车作业的接触网，再进行吊复或装车作业。

3. 桥梁上的起复（包括高架线路）

桥梁上事故见图 4.18。

图 4.18　桥梁上事故

（1）准备使用工具：轨道起重机、支撑梁、复轨器、逼轨器、钢丝绳、尼龙吊带或迪尼玛绳、晃绳、机车车辆台车捆绑索具、液压横移设备、破拆设备、气垫、打支腿所用的枕木、套钩、牵引钢丝绳、止轮器、切割工具。

（2）基本条件：

① 必须连挂机车作业。

② 双线区间作业时必须封锁邻线。

③ 仅限起吊空车作业，不允许吊重车。

④ 必须由工务部门确认桥梁线路承载并许可后方可进行吊复、顶复作业。

⑤ 必须由工务部门按照救援方案要求配合扣轨，为起重机打支腿提供基础条件。

⑥ 电气化区段由供电部门对接触网实施停电、拨移或拆除。

⑦ 根据现场情况由供电部门提供照明设施。

⑧ 上跨钢结构的桥梁上仅限单端起吊作业。

（3）具体办法：

① 如事故现场的线路和事故车辆转向架未损坏，且脱轨车轮距离基本轨较近，首先将事故车一端护轮轨拆开一节后，在脱轨车轮前端安装一个人字形复轨器或在脱轨处线路外侧安装一个海参形复轨器，并将另一侧基本轨与护轮轨间铺垫好石碴，然后拉复。

② 根据现场勘查，如事故车辆一组转向架脱线未散架，距离基本轨较近时，且线路、车辆均无损坏，有利于横移复位时，将液压起复设备安装在脱轨车轮前端，启动液压设备顶起横移复轨。

③ 如事故车辆脱轨较远，不利于拉复或横移起复时，将起重机对位于事故车进行吊复。

4. 坡道上的起复

坡道上事故见图 4.19。

图 4.19　坡道上事故

（1）准备使用工具：轨道起重机、支撑梁、复轨器、逼轨器、钢丝绳、尼龙吊带或迪尼玛绳、晃绳、机车车辆台车捆绑索具、液压横移设备、破拆设备、气垫、打支腿所用的枕木、套钩、牵引钢丝绳、止轮器、切割工具。

（2）基本条件：

① 如事故车脱轨于坡道上时，起重机作业必须连挂机车，采取防溜措施后方可作业。

② 起重机在坡道上作业时，应采取措施保持起重机处于水平状态，增强稳定性。

③ 坡道上起吊作业应减少承吊质量 20%，在 6‰及其以上坡道起吊仅限于空车作业，不允许吊重车。

④ 使用起重机吊复作业时，尽可能采用从坡道下方向上方起吊作业方式。

⑤ 准备充足的防溜器具。

⑥ 根据现场情况由供电部门提供照明设施。

⑦ 电气化区段事故车辆损坏严重无法进行拉复或横移起复时，起重机进行起吊作业时，由救援主任根据现场情况向现场指挥部提出停电及拨网或拆网要求，清除影响起重机作业的障碍物等，再进行吊复或装车作业。

（3）具体办法：

① 如线路、车辆转向架未损坏且在复轨器有效复轨范围内，利用拉复。

② 如线路、车辆转向架未损坏，超出复轨器有效复轨范围的，利用液压起复设备顶复。

③ 如车辆台车破损，可利用千斤顶将其车体顶起，拉出破损的转向架，更换备用转向架

或代用台车复旧。

④ 如事故车辆脱轨较远，不利于拉复或横移起复时，将起重机对位于事故车进行吊复。

⑤ 所有起复机车车辆在作业中，均应采取防溜措施。

5．军运和特殊物资事故起复

（1）准备使用工具：轨道起重机、支撑梁、复轨器、逼轨器、钢丝绳、尼龙吊带或迪尼玛绳、晃绳、机车车辆台车捆绑索具、液压横移设备、破拆设备、气垫、打支腿所用的枕木、套钩、牵引钢丝绳、止轮器、切割工具。

（2）基本条件：

① 军运列车事故救援时，必须在军代处人员的指导下进行作业。

② 特殊物资列车事故救援时，必须在专业人员的指导下进行作业。

③ 对装载化学品及易燃易爆或毒品等危险物资，必须经专业人员处理妥当后方可进行救援作业。

④ 起吊军事和特殊设备尽量采用尼龙吊带或迪尼玛绳，避免对设备造成破坏。

⑤ 军事物资和特殊设备救援时，原则应采取先卸物资、设备，再起复车辆的复救方法。

⑥ 根据现场情况由供电部门提供照明设施。

（3）具体办法：

① 如线路、车辆转向架未损坏且在复轨器有效复轨范围内，利用拉复。

② 如线路、车辆转向架未损坏，超出复轨器有效复轨范围的，利用液压起复设备顶复。

③ 如车辆台车破损，可利用千斤顶将其车体顶起，拉出破损的转向架，更换备用转向架或代用台车复旧。

④ 如事故车辆脱轨较远，不利于拉复或横移起复时，将起重机对位于事故车进行吊复。

⑤ 在隧道、接触网下、桥梁、坡道上作业时，参照以上有关规定执行。

4.5　机车救援及出动救援列车救援案例

下面介绍几个机车救援案例和出动救援列车救援案例，以便更清晰地掌握机车请求救援、担当救援的作业实际流程，对出动救援列车救援的流程和预案的选择有更清楚的了解。

4.5.1　机车救援货物列车案例

HXD_{1B} 型机车事故及后续救援情况分析通报。

1．概况

2011 年某日，司机刘某（化名，以下案例中的人物名称均为化名）、随乘司机张某机班，8 时 18 分武汉北本段出勤，值乘 HXD_{1B} 型机车，库内试验正常。

10 时 54 分开车（编组 54 辆、3 787 t）。

15 时 09 分运行至区间时，突然发现列车自动减压制动，主显示屏显示"机车总线"故障、制动显示屏黑屏，操作司机张某立即回柄解除牵引力，列车于 15 时 12 分停车，同时主司机调出"机车事件处理提示"进行查询和处理，并打电话求助技术科专家，专家指示拉蓄电池闸刀处理，本班按照专家指示处理后，故障未消除。15 时 30 分，操作司机请求救援，并按规定进行防护。

救援机车 HXD$_{1B}$ 某机车，吕某、易某机班在 16 时 22 分接到救援命令，于 16 时 31 分开车。

后部救援，于 16 时 45 分连挂妥当，并试风后于 16 时 54 分起动，因被救援机车有抱闸现象于 16 时 57 分停车，经处理完后于 17 时 18 分开车，17 时 38 分到达车站。

2. 救援过程分析

（1）请求救援机车 HXD$_{1B}$××号，刘某、张某机班。

因机车制动机故障于 15 时 12 分停车，15 时 30 分司机才向车站请求救援，未执行车间关于机车故障后要求乘务员要"一请求、二判断、三处理"的规定。待救援机车尾部连挂妥当后，采取向后牵引的方式拉回车站，二人仅将监控装置进入补机状态，未对机车进行无火回送操作，造成列车 16 时 55 分起动，机车在走行部抱闸的情况下走行 180 m，16 时 57 分使用非常制动停车，再重新进行无火回送操作，于 17 时 18 分方才正常起动列车。

存在问题：① 机车发生故障停车后未及时请求救援，延误救援时间 18 min。② 在机车制动机故障请求救援的情况下，未将机车进行无火回送操作，造成起动后机车走行部抱闸运行，停车重新办理无火回送延误救援时间 21 min。

（2）救援机车 HXD$_{1B}$××号，吕某、易某机班。

① 于 16 时 05 分接到救援命令：采取正方向运行至区间连挂请求救援列车尾部拉回站的方式救援。于 16 时 06 分打咨询电话咨询监控装置操作方法和注意事项，咨询人员告知应使用正常监控模式进入区间，但是二人错误使用调车模式进入区间，16 时 16 分开车以不超过 20 km/h 的速度运行，按规定要求于 16 时 40 分到达被救援车列前，于 16 时 44 分连挂妥当，并试风后 16 时 55 分开车。走行 180 m 后 16 时 57 分因列车起非常停车（原因是尾部机车非常制动），待请求救援的机车处理妥当后，17 时 18 分第二次开车，17 时 43 分到达车站 3 道停车。

② 其他操作及处理过程符合规定。

③ 存在问题：正方向进入区间救援时，错误使用调车模式开车进入区间，造成单机在区间运行 24 分钟。

3. 原因及教训

（1）机车制动机故障，列车管自动减压，是造成此次事故的主要原因。

（2）救援过程中存在的问题和教训：

① 请求救援的机车乘务员应变能力差，机车发生故障停车后未及时请求救援，未执行车间关于机车故障后要求乘务员要"一请求、二判断、三处理"的规定，延误请求救援时间。

② 请求救援的机车乘务员业务素质不高，二人对机车制动机发生故障请求救援，待救援机车连挂妥当后，应将机车进入无火回送状态的处置方法不熟，造成机车处于抱闸的情况下起动列车，又停车重新进行无火回送操作，致使列车影响区间时间较长。

③ 救援机车乘务员吕某、易某机班对特殊情况下行车卡控措施不熟，在进行救援正方向

进入区间时，监控装置未按照卡控措施要求和行车救助人员的指示使用正常监控模式，造成单机在区间运行速度低、时间长。

4. 处理措施

车间重申非正常情况的行车办法：

（1）请求救援时应做到以下几点：

① 机车发生故障停车后应按照"一请求、二判断、三处理"的原则进行处理。立即使用无线通信设备通知两端站、列车调度员及运转车长（无运转车长时为车辆乘务员），报告停车原因和停车位置。故障处理完毕未接到救援列车开来的通知时可与车站联系请求取消救援，待调度员发布取消救援命令后方可动车。

② 不能继续运行时，应采取防溜措施。

③ 做好防护措施。

④ 检查机车停留位置和计算尾部停留位置，发现停在分相绝缘区段或其他特殊地段时，必须立即通知车站和救援机车司机。

⑤ 请求救援后严禁移动。

⑥ 将机车监控装置设置为补机模式。

（2）救援机车应做到以下几点：

① 审核救援命令内容：列车车次、运行速度、停车地点、到达车站的时刻等有关事项。

② 加强与请求救援司机的联系，确认被救援列车位置。

③ 三停一挂，距离停留车列 2 km 时停车，在防护人员处停车，距离停留车列 10 m 处停车，确认防护信号撤除好后进行连挂。

④ 监控操作：正方向进入区间，应输入救援车次后，按正常监控模式对标进入封锁区间，运行至距被救援列车尾部 2 km 时一度停车，按压调车键以不超过 20 km/h 的速度继续运行，牵引列车返回车站时按调车模式运行。反方向进入区间，输入救援车次后，监控装置按调车模式进入区间，牵引列车返回车站时输入前方站代码按降级模式运行。救援降级运行只限在一个区间内，如通过前方站时，应在前方站开车对标点按压【开车】键对标。

⑤ 请求救援机班和救援机班，应及时与指导司机和行车"110"人员联系，听取安全注意事项，严格按其指示要求运行。

4.5.2　机车救援客运列车案例

HXD_{1B} 型机车救援客车专题分析。

1. 区间停车救援概况

某段机车担当的××次旅客列车因机车故障，在车站站内停车不能继续运行，被迫请求救援。

2. 救援作业过程分析

某日某机务段车队司机朱某、高某机班，值乘 HXD_{1B} 型×××号机车，10 时 24 分开×次单机，11 时 34 分到达车站 6 道后，车站通知挂货物列车（编组：50 辆、1 338 t）。后于另一车站摘机，加开×××次列车。司机摘机转线后于19时42分在车站开车，19时49分到达×××站3道。

到达后车站值班员通知司机准备救援。司机在接到车站的通知后立即向段安全指挥中心及车间值班干部汇报情况。19时55分，司机接到车站值班员转交的调度命令，准许前次列车停运，机车担当被救援车开行，按现时分运行。随后值乘司机朱某给车间安全技术员打电话汇报现场情况，询问站内救援客运列车的有关要求，并接受救援注意事项的指导。后续一路运行正常。

4.5.3　出动救援列车救援案例

2015年某日，某次货物列车运行至某地Ⅰ场进站道岔处机后第32、33位车辆发生脱线事故。

1. 作业过程情况

（1）接令情况。

8时28分，某救援列车接路局××号救援出动的命令通知。

8时30分，某机务段调度员邓某接路局调度通知。

命令号：62486#；发令人：调度员赵某；发令时间：8时09分。

命令内容：因某下行场一场北侧脱线，接令时起，救援列车出动，救援列车出动担当救援任务。

8时31分，某机务段主任调度员通知救援列车值班人员，复述告知调度命令内容，出动救援列车。同时通知机务段运用段长、安全段长、救援车间主任，出动救援列车。

8时45分，救援列车全体救援人员召集完毕，拆除外接电源连接线，将出库南、北大门打开，组织所有救援人员上救援列车召开碰头会，进行救援出动各项准备工作。

（2）出动情况。

8时35分，某机务段主任调度员与车站联系，告知车站DF₇×××机车已经做好出动准备，确认哪台机车牵引救援列车，车站回复使用某站六场机车牵引救援列车。

某机务段刘某、李某机班，值乘DF₇×××机车，担当某站六场调车作业任务。

8时53分，接收到调车长下达的"援2+4，Ⅰ12-4"调车作业计划。

9时04分，进入某站四场3道停车，9时13分单机进入援2线一度停车，调车长检查线路；9时23分，调车长重新下达"援1+9，Ⅰ12-9"调车作业计划，机车返回走行线内方。

9时33分，进入援1线，与救援列车连挂。

9时35分，进行试风作业。

9时40分，全列试拉完毕。

9时42分，根据灯显推进指令进行推进作业。

9时53分，接灯显停车指令停车。

9时54分，接灯显推进指令动车。

10时04分，推进至Ⅰ场12道停车。

10时17分，按推进指令推进作业。

10时28分，根据灯显停车指令停车。

10 时 38 分，接调车长口头调车计划："Ⅰ场 12 道走禁 3，开通Ⅱ场 48 道信号，推进Ⅰ场 3 道"。

10 时 50 分，按指令牵引救援列车运行至禁 3 线停车。

10 时 51 分，按灯显指令推进至某站一场 3 道。

11 时 03 分，按灯显指令停车。

11 时 05 分，根据灯显连接指令推进调整救援列车车位后停车。

（3）救援现场作业情况。

11 时 07 分，救援人员开始搬运吊索具、支腿底座、枕木等。

11 时 08 分，起重机挂撑杆、与臂架平车摘钩分离、自力走行对位、挂基本配重、伸打支腿。

11 时 20 分，压支腿时，各支腿均有下陷情况，1 号支腿（东南角支腿）下陷严重，收腿，加垫枕木。支腿打好后，进行旋转挂二级配重。

11 时 47 分，起复工作准备完毕等待供电部门拉网。

11 时 57 分，接触网拉网完毕。

11 时 58 分，起重机开始对 C×××× 车辆进行起复作业。在起吊过程中受供电接触网未拉到位的影响，进行调整、停止作业再次拉网。在此期间 1 号支腿向东南方向下陷，起重机超高调平报警限动无法作业，对该支腿进行了调整。

12 时 50 分，供电接触网调整完毕，将车体吊至邻线横向摆放，将起重机撑杆放置在事故车辆顶部，抽出穿销，使用吊钩吊转向架。

13 时 20 分，将第一个转向架起吊放在线路上。

13 时 50 分，将第二个转向架起吊放在线路上，车辆部门进行处理组装。起重机旋转回位，挂撑杆，准备将车辆车体与转向架组装。

14 时 10 分，转向架检查安装完毕。

14 时 12 分，将车体吊起与转向架组装。在组装的过程中，由于北侧转向架放置在道岔曲股位置，两转向架不在同一直线上，临时进行调整方案采取南侧转向架心盘先落位，解开南侧吊绳，然后北侧进行单端吊起复位。

15 时 10 分，车辆起复完毕。

15 时 15 分，开始准备起吊事故车。

15 时 30 分，单端起吊事故车车体移至线路旁边。

15 时 35 分，将北侧转向架分两钩吊入复轨线路（转向架构架与南侧轮对一钩，北侧轮对一钩）。

15 时 55 分，由车辆部门进行组装。

16 时 25 分，由于车辆部门无法自行组装台车，现场总指挥要求救援起重机配合车辆部门进行台车组装：第一钩将转向架东侧吊起，南侧轮对未落位；第二钩将南侧轮对单独吊起，放置在线路上。

16 时 39 分，将转向架吊起，安装轮对，车辆部门在转向架上用铁丝捆绑两轮对承载鞍，再落位时由于闸腿变形影响，调整闸腿后落位。

16 时 50 分，北侧台车组装完成。

17 时 02 分，将事故车南端吊至组装好的转向架上。由于事故车辆南侧距离基本轨较远，车辆中梁压在西南侧轮对上，车辆心盘无法落位，再次将北端吊起后，在心盘上垫两根短枕木，将车体放置在枕木上。

17时10分，在车辆靠南端处起吊，将车辆向北端滑动。

17时21分，更换边梁钩位置，采取同样办法再次起吊将车辆向北端滑动。车辆北端距离起重机南侧支腿较近，且由于车辆南侧边角超限靠近支腿，继续北移存在碰撞支腿问题。

17时40分，进行车体南端端头吊复，由于起重机旋转半径较大，起重机限动，起重机不能动作。

17时50分，停止作业，将起重机向南移动3 m，重新对位、打支腿。由于东侧支腿位置地基松软，进行多次压支腿。

18时55分，开始起吊作业。由于南头西侧转向架垫高车辆倾斜，东侧卡在临线钢轨下，不能强行进行起吊。采取吊起北侧车辆，在南侧车辆底下垫枕木，再放下，通过枕木将南侧车辆边角抬出轨面，避免被卡住。在车辆南侧底部垫上枕木、垫板后，车体落下。再次吊起北端车辆向西北方向进行旋转，调整事故车辆南端向基本轨靠近，角度调整到位、将北端旋转回转向架上。对转向架轮对进行捆绑，再次起吊，调整转向架位置、落位，19时40分车辆北端复位成功。

19时50分，将事故车南端车体吊起、旋转，20时20分落至线路上。

20时25分，开始起吊南端转向架。由于接触网软横跨的影响，起重机须回基本位收回配重进行调整，伸三级臂，至21时05分将事故车南单转向架吊至线路上。

21时10分，将事故车车体南段吊起，推进转向架进行复位。

21时18分，车体与转向架组装复位完毕。

2. 存在问题分析

（1）车站布置安排救援列车出动走行进路欠妥，出动走行耗时长。

（2）车站组织确定牵引救援列车的机车用时过长。

（3）受事故现场地理条件限制，救援列车最佳作业停留地点选择困难。由于事故车辆脱线地点处于站内咽喉道岔群，下方设有机动车辆通行涵洞，同时受供电横跨、供电横跨立柱及拉线影响，救援起重机停留位置、起吊的角度及旋转半径受到制约，直接导致救援起重机不能发挥最大起吊能力，只能对两辆事故车辆分别进行选择停留位置、打支腿和起吊作业，延耗作业时间。

（4）因卸车作业受限，起吊重量较大、起吊困难。两辆车辆均为重车，载重70 t，自重23.8 t，均为精煤，事故地点处于交分道岔群，两侧为边坡，事故车离两侧边坡较远，卸车后堆放的煤层清理困难，影响救援时间会更长，卸车处理条件不具备，加之救援起重机作业停留位置的受限，在此种情况下重车起吊增加了作业难度。

（5）现场拆网较为困难，对救援干扰较大。由于该处为交分道岔群，接触网较为密集，且复轨股道为某站一场入场线，拆网工程较大，供电采取将脱线股道接触网向西侧进行拉网，由于张力较大，接触网不能拉到指定位置，在起吊的过程中多次调整起重机角度或停止动作进行调整接触网，对救援作业过程造成了较大的影响。

（6）因现场路肩松软，导致作业过程中起重机支腿工作状态不稳定。受现场地理条件限制，起重机东侧两个支腿打在路肩边坡上，因近期多雨，虽在打起重机东侧支腿时已考虑到不利因素，底层横向铺七根 2.5 m 长枕，再井形放置两层长枕，空载压支腿时，东侧枕木下陷分别又加垫两层短枕，但在起复作业时，东南方向支腿仍发生向东南方向倾斜问题，再次进行调整，作业耗时较长，对救援时间也造成了不小影响。

（7）由于事故车辆走行部脱线程度较严重，吊复基本钩数较多。两辆脱线车辆，四个转向架全部脱位，其中一台转向架轮对脱落，靠北侧脱线车辆处于道岔直股、侧股过渡地段，一个台车在直股上，一个台车在侧股上，车体整体起吊后，不能一次落位成功，采取分步单端落位方法进行落位，增加了作业钩数和作业时间。

（8）事故车辆边梁损坏，对选择恰当的承吊点造成影响。此次事故车辆边梁内侧变形较多，选择适合挂边梁钩的位置非常有限，导致在挂边梁钩过程中一是影响时间，二是对起吊中心的确定有较大影响，不是根据起吊需要来确定边梁钩位置，而是只能根据边梁钩可以悬挂的位置来确定起吊重心，给起吊也造成了一定影响。

3. 整改措施

（1）深刻吸取教训，认真反思。

（2）修订完善应急救援预案。

（3）强化应急救援日常实战演练。一是强化应急信息汇报、处置程序演练，提升快速响应能力；二是定期开展实战模拟演练，严格按照铁路局各救援列车按季度循环综合实战演练制度，针对性设置演练场景组织演练，提升应急救援实战能力，切实达到"召之即来、来则能战、战必成功"的高效救援能力和水平。

（4）加快安全生产指挥中心的建设。全面完成局、段两级安全指挥中心的建设，尽快形成铁路局、专业处室、车站及机务站段、各救援列车间一体化应急行动的能力。

（5）加强救援专业技术人员业务能力培训。针对各种不同救援设备、局管内各种行车设备、线路及站场环境，针对性开展救援专业技术人员和管理干部专题培训，保证熟练掌握各种设备技术参数、性能及状态，研讨现场各种不同情形救援方案，提升救援专业技术人员的业务能力。

（6）强化专业管理。严格落实路局每半年、机务段每季度开展救援列车管理专项对规对标工作的要求，抓实排序评比考核机制的运用，不断夯实救援基础管理。

（7）加强救援设备保养维护。各救援列车严格落实每周对救援起重机等动力设备进行机能试验、每月进行综合保养评定，设备、安全职能科室及救援车间按照职责范围加强对救援列车的专业管理督导，并与相关设备单位建立定期联系协调机制，保证技术支持和指导，确保设备状态良好。

（8）提升职工标准化作业水平。督促各单位按照路局部署的职工标准化作业建设方案，制定切实可行的标准化鉴定实施办法，在二季度完成机车乘务员、机车调度员、救援起重机司机、救援起重工等主要工种的标准化鉴定工作，切实提高职工按标作业水平。

复习思考题

1. 铁路交通事故分为哪几个等级？每个等级的判断标准是什么？
2. 救援指挥的原则是什么？
3. 请阐述救援列车的交接班制度。
4. 请以小组为单位，模拟一类场景事故进行相应的救援活动。
5. 铁路较大事故是如何界定的？

第 5 章 动车组救援

5.1 机车救援动车组具体操作与要求

动车组列车在区间被迫停车不能继续运行时，司机应立即使用列车无线调度通信设备、手持终端等通信工具通知两端站（列车调度员）及随车机械师，报告停车原因和停车位置，根据需要迅速请求救援。

5.1.1 使用机车、救援列车救援动车组的总体要求

《铁路技术管理规程》（高速铁路部分）有关机车、救援列车救援动车组的规定如下：

第四百三十四条 列车调度员接到救援申请，按规定发布调度命令封锁区间，并报告值班主任（值班副主任）。

第四百三十五条 列车调度员根据情况确定使用内燃（电力）机车或救援列车担当救援，并将救援方案通知车站值班员和请求救援列车司机。担当救援的列车需要跨区段担当救援任务时，列车调度员须通知机车调度员（动车司机调度员）指派带道人员。

第四百三十六条 列车调度员及时发布有关调度命令。担当救援的司机接到救援命令后，必须认真确认。命令不清、停车位置不明确时，不准动车。

第四百三十七条 向封锁区间发出救援列车时，不办理行车闭塞手续，以列车调度员的命令作为进入封锁区间的许可。

第四百三十八条 救援列车的出发或返回，均应通知列车调度员及对方站（与本站为同一人办理时除外）。如事故现场设有临时线路所时，列车调度员（车站控制时为车站值班员）应于发车前，商得线路所车站值班员的同意。

第四百三十九条 发生事故时，在事故调查组人员到达前，站长（副站长）应随乘发往事故地点的第一列救援列车（分部运行时挂取遗留车辆的机车除外）到事故现场，负责指挥列车有关工作。

第四百四十条 救援列车进入封锁区间后，在接近被救援列车或车列 2 km 时，要严格控制速度，同时，使用列车无线调度通信设备与请求救援的列车司机进行联系，或以在瞭望距离内能够随时停车的速度运行（最高不得超过 20 km/h），在防护人员处或压上响墩后停车，联系确认，并按要求进行作业。

第四百四十一条　使用机车救援动车组时，应进行制动试验，制动主管压力采用 600 kPa。具备升弓供电条件时，允许动车组升弓供电。当使用电力机车担当救援机车，如动车组升弓，由动车组司机通知救援机车司机，救援机车司机在通过分相区前通知动车组司机断电并降弓。

连挂前，司机须与列车调度员联系，在得到列车调度员已发布邻线限速 160 km/h 及以下的调度命令（妨碍邻线及组织旅客疏散时为已扣停邻线列车）的口头指示后，方可开始作业。

救援机车司机在救援作业过程中，要严格遵守有关限速规定，与动车组司机保持联系。救援运行中尽可能避免实施紧急制动。

第四百四十二条　动车组由机车牵引继续运行时，列车调度员根据随车机械师提出的限速要求，向救援机车司机发布限速运行的调度命令。

第四百四十三条　使用机车救援动车组时，动车组列控车载设备转入或退出隔离模式不发布调度命令。

第四百四十四条　当故障列车处理后可继续运行时，列车调度员应根据司机请求，取消前发救援调度命令。

5.1.2　动车组救援基本程序

（1）动车组在区间被迫停车不能继续运行时，司机应立即使用机车综合无线通信设备（CIR）或 GSM-R 手持终端通知列车调度员（两端站）及随车机械师，报告停车位置、坡道、停车原因等，根据需要迅速请求救援。

（2）列车调度员接到动车组在区间被迫停车的救援请求后，应立即组织开展救援工作，确定救援方案并通知车站值班员和被救援动车组司机。

（3）已请求救援的动车组，不得再行移动。

（4）被救援动车组不能继续运行但车内供电系统正常时，应立即启动热备动车组或调整在线运行动车组交路进行救援，必要时可利用在线动车组进行救援，利用动车组顶送救援时，宜采用同型动车组相互救援，且需满足车站股道有效长。动车组自身故障车内无法正常供电但接触网设备正常，且邻线具备换乘条件时，应优先安排动车组进入邻线组织区间换乘。

（5）利用机车进行救援时，满足升弓供电条件，允许被救援动车组升弓供电。

（6）被救援动车组司机接到救援命令后，了解救援列车开来方向，通知随车机械师下车进行故障处置、救援准备（防溜，安装过渡车钩等）、防护。

（7）随车机械师下车作业流程：

① 随车机械师向司机提出下车申请。

② 司机向列车调度员报告随车机械师下车申请。

③ 列车调度员发布邻线限速 160 km/h 及以下的调度命令（部分路段邻线限速 80 km/h 及以下），限速位置按停车位置前后各加 1 km 确定，命令下达后通知司机。

④ 司机得到列车调度员已发布邻线列车限速调度命令的口头指示后，通知随车机械师下车。

⑤ 随车机械师由非会车侧司机操纵端手动打开车门下车，并通知列车长对车门做好防护。

（8）向封锁区间开行救援列车时，进入封锁区间的行车凭证为调度命令。

（9）救援动车组（救援机车）连挂前，司机须与列车调度员联系，列车调度员发布邻线列车限速 160 km/h 及以下的调度命令（部分路段邻线限速 80 km/h 及以下），限速位置按列车停车位置前后各加 1 km 确定。司机在接到列车调度员已发布邻线限速调度命令的口头指示后，方可开始作业。

（10）救援动车组（救援机车）与被救援动车组连挂完毕后，确认防溜已撤除、人员均已上车、具备开车条件后，救援司机向列车调度员报告，列车调度员组织列车恢复运行。

（11）被救援动车组到达站内需在站内进行换乘时，调度所尽量安排旅客同站台换乘，不能同站台换乘或无法对标停车时，需提前通知车站做好组织工作。

（12）被救援动车组空调失效需打开车门通风时处理流程：

①被救援动车组空调失效不能恢复时，列车长应及时与司机、随车机械师沟通，视车内温度和旅客舒适度做出动车组开门决定，并通知动车组司机转报列车调度员。

②动车组安装防护网、打开车门由列车长组织列车乘务人员进行，司机、随车机械师配合。防护网安装位置为运行方向左侧（非会车侧）车门处。车门打开数量应根据车内情况及列车乘务人员数量决定。安装防护网、打开运行方向左侧（非会车侧）车门时，列车长应进行列车广播提示。

③防护网安装完毕，打开车门后，由列车长组织列车乘务人员按照"一人一门"值守，直到车门关闭，严禁旅客靠近防护网和自行下车。列车长确认防护网安装牢固、看护到位后报告司机，司机报告列车调度员（车站值班员）。车站值班员报告列车调度员。

④被救援动车组需打开车门运行时，列车调度员根据被救援动车组司机的报告，向被救援动车组、救援动车组（救援机车）司机及沿途各站发布打开车门限速 60 km/h（通过邻靠高站台的线路时限速 40 km/h）运行的调度命令。

⑤装有外开式塞拉门的动车组开门运行时，开车前由随车机械师向本列司机提出沿途各站进站前需停车关闭车门的申请，由本列司机根据随车机械师请求通知救援司机。列车停车后，救援司机通过被救援动车组司机通知列车长，由列车长通知各看护人员手动关闭车门，确认关门完毕后报告本列司机。由本列司机根据列车长车门关闭的报告并确认车门关闭良好后通知救援司机。

⑥被救援动车组停在长大隧道内，使用内燃机车救援后需继续打开车门运行时，救援机车与动车组连挂前，随车机械师应关闭应急通风装置，列车长应组织列车乘务人员暂时关闭车门并报告动车组司机。连挂完毕，列车长确认随车机械师已上车、车门已关闭后报告动车组司机。动车组司机确认车门关闭良好后通知救援机车司机，救援机车司机接到通知并确认具备开车条件后起动，向列车调度员（车站值班员）报告动车组暂时关闭车门运行。车站值班员报告列车调度员。列车驶出隧道后，救援机车司机选择适当地点停车后报告列车调度员（车站值班员），并通过动车组司机通知列车长可以进行打开车门作业。车站值班员报告列车调度员。列车长按规定组织列车乘务人员安装好防护网、打开运行方向左侧（非会车侧）车门通风，并通过动车组司机通知救援机车司机。

5.1.3　动车组区间被迫停车利用内燃机车救援方案

1. 故障场景

动车组因区间上下行接触网同时发生故障，在区间被迫停车，利用内燃机进行救援。

2. 处置程序

（1）列车调度员（车站值班员）在接到动车组司机接触网无电的报告后，列车调度员立即通知供电调度员，列车调度员在接到接触网已停电并且暂时无法恢复供电的通知后，通知司机原地等待救援。调度所及时发布救援内燃机车出动的调度命令或指示。车站值班员报告列车调度员。

（2）机务段接到救援机车出动的调度命令或指示后，组织机车出库并通知干部登乘机车；应急热备内燃机车接到出动的调度命令或列车调度员指示后，须保证在 15 分钟内从热备地点驶出，执行应急救援任务。

（3）救援机车司机在 GSM-R 区段及时注册车次号，保持与列车调度员（车站值班员）联系，保证通信畅通。

（4）利用内燃机救援时，被救援动车组司机应提前指挥胜任人员协助随车机械师打开头罩，安装过渡车钩、专用风管。

（5）列车调度员向救援机车及相关处所发布进入封锁区间救援的调度命令，司机凭调度命令进入封锁区间，机车进入封锁区间及由区间返回的 LKJ 操作办法按照普速铁路相关规定执行。救援机车进入封锁区间后，在接近被救援列车或车列 2 km 时，要严格控制速度，同时，使用列车无线调度通信设备与请求救援的列车司机进行联系，或以在瞭望距离内能够随时停车的速度运行（最高不得超过 20 km/h），在防护人员处或压上响墩后停车，联系确认，并按要求进行作业。

（6）救援机车牵引被救援动车组返回站内时，正方向运行时使 LKJ 处于通常工作状态，开车后进行距离人工校正；顶送被救援动车组使用调车模式，由动车组司机负责确认列车前方状态和进站信号机显示，进站后通知救援机车司机对标停车。

5.1.4　机车救援动车组应急处置流程

应急处置流程图见图 5.1 和表 5.1。

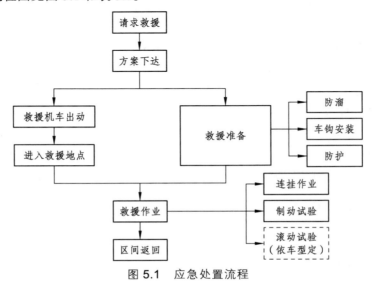

图 5.1　应急处置流程

表 5.1　应急处置流程

序号	作业项目	场景分类	作业流程					注意事项
			列车调度员	动车组司机	救援机车司机	随车机械师	列车客运人员	
1	请求救援		3. 接到请求救援的报告，立即呼停区间后续列车，停止向区间放行列车 1. 了解动车组故障情况及相关信息。 2. 发令封锁区间，设置（布置车站设置）区间封锁标志。 3. 汇报高铁值班副主任，确定使用内燃机车救援方案后，布置内燃机车做好出动准备并发布救援单机开行命令。 4. 布置车站通知盯岗干部及相关部门	2. 根据随车机械师的要求向列车调度员申请救援		1. 规定时间内无法处理时，报告司机请求救援		动车组故障停车后，区间停车 20 分钟、站内停车 30 分钟时，随车机械师须立即通知司机申请救援
2	救援方案下达		1. 根据救援方案，铺画救援单机开行计划，将救援方案通知相关车站、救援机车及随车机械师停车坡度	2. 接到救援方案后，通知列车长，并告知随车机械师停车坡度		3. 接收救援方案，若需进行铁鞋防溜，做好铁鞋准备工作	4. 接收救援方案	遇救援方案不清时，随车机械师主动向司机了解救援方式及来车方向。随车机械师根据现场情况，按需要设置铁鞋防溜
3	救援出动		1. 掌握救援单机到达关系车站，组织救援单机出动进度，尽快		2. 救援机车整备完毕出热备地点。 3. 救援机车运行到关系车站待令			机车出段时，司机使用 CIR 向列车调度员（车站值班员）申请出库进路。出动停留在综合维修工区的热备机车时，综合维修工区在接到热备单机出动的通知后，在 5 分钟内为动车打开库门

续表

序号	作业项目分类	场景分类	作业流程					注意事项
			列车调度员	动车组司机	救援机车司机	随车机械师	列车客运人员	
4	救援准备	设置防溜	3. 接到随车机械师在非会车侧作业的申请，设置邻线封锁后，口头准许到非会车侧作业	2. 接到随车机械师通知后，向列车调度员申请邻线限速下车作业。 4. 得到准许下车口头指示，通知随车机械师		1. 通过司机向列车调度员申请邻线限速，下车作业。 5. 得到准许下车通知后，派人防护车门。 7. 根据现场坡度，按规定设置铁鞋防溜	6. 得到准许下车通知后，列车长指派人员协助机械师下车，并做好车门看守	随车机械师下车时，需在司机械手账上登认
		车内整备		2. 动车组司机指派乘警或安全员室配合将过渡车钩扳到救援端非会车侧门处		1. 将过渡车钩移出前舱，并通知列车长安排人员配合将过渡车钩扳到救援端非会车侧门处		
				1. 通知随车机械师打开救援端 ATP 机柜。 3. 隔离 ATP, LKJ		2. 打开救援端 ATP 机柜，通知司机操作隔离 ATP、LKJ。 4. 进行车内空开准备及相关操作		
		车下整备				1. 从就近车门下车，手动缓解停放制动，并确认全列夹钳缓解状态。 2. 上车恢复空气制动，确认切除状态		

续表

序号	作业项目	场景分类	作业流程					注意事项
			列车调度员	动车组司机	救援机车司机	随车机械师	列车客运人员	
4	救援准备	安装车钩		2. 司机强制打开头罩		1. 通知司机强制打开头罩。3. 通知司机，列车长指派人员协助搬运过渡车钩至救援端部。4. 随车机械师下车安装过渡车钩	5. 乘警或安全员协助随车机械师安装过渡车钩	
5	进入救援地点	防护	1. 确认进路备妥和停车里程正确。2. 发令准许救援单机从前端进入封锁区间进行救援的命令		3. 救援机车以 160 km/h 运行至关系区间前车站。4. 接收进入封锁区间的调度命令，LKJ 进入调车模式，区间限速 40 km/h 运行。5. 在防护人员处停车，与被救援动车组司机联系确认后进行作业	1. 过渡车钩安装完毕后，随车机械师到动车组车方向离动车组 300 m 处进行防护		

续表

序号	作业项目	场景分类	作业流程					注意事项
			列车调度员	动车组司机	救援机车司机	随车机械师	列车客运人员	
5	进入救援地点	尾部救援	1. 确认进路准备妥当和尾部救援里程正确。 2. 发布救援机车从后部进入区间进行救援的命令		3. 救援机车以160 km/h运行至关系区间前车站。 4. 接收进入封锁区间的调度命令，LKJ处于通常工作状态，区间限速100 km/h。 5. 在防护人员处停车，与被救援动车组司机联系确认后进行作业。			
6	救援作业	连挂作业			1. 救援机车距被救援动车组10 m处一度停车。 2. 联系连挂；配合随车机械师连接制动软管，打开机车端折角塞门。 5. 配合随车机械师进行试拉	3. 指挥救援机车司机进行连挂作业；连接制动风管，开启相关塞门。 4. 连挂完毕指挥救援机车司机进行试拉		
		制动试验		3. 监控动车组制动信息	2. 进行制动机试验，试验完毕通知随车机械师	1. 通知救援机车司机进行制动机试验，并告知动车组司机监控制动信息。 4. 制动试验完毕，撤除防溜		

续表

序号	作业项目	场景分类	作业流程					注意事项
			列车调度员	动车组司机	救援机车司机	随车机械师	列车客运人员	
6	救援作业	滚动试验	4. 确认人员上车，取消邻线限速及列控设置。 5. 根据随车机械师提出的限速运行要求，告知救援机车司机限速运行要求。 9. 及时开放引导信号或进站信号，组织列车返回车站。 10. 根据救援完毕返回后站时，待列车到达车站、区间空闲后，发令开通（从尾部救援返回后站时，待列车到达车站、区间空闲后，发令开通封锁区间）		2. 配合滚动试验。 6. 接到报告滚动试验完毕，机械师报告滚动试验情况后，报告列车调度员限速要求。	1. 通知救援机车司机进行滚动试验，同时联控列车长做好防护。 3. 滚动试验完毕，通知列车长手动打开就近侧门。 5. 滚动试验正常，上车后报告救援机车司机，并告知限速要求。	4. 滚动试验完毕，手动打开车门	CRH2B、CRH380A（统型）、CR400AF动车组，应采取双管连接供风，机车列车管压力调至700 kPa，不切除停放制动，无此项作业
7		区间返回		2. 接列车长报告人员上车、车门已关闭的信息，报告救援机车司机。 7. 开车后，动车组司机监控总风压力及蓄电池电压	3. 接报告确认人员上车，车门已关闭后，汇报列车调度员开车。 6. 救援机车司机确认运行条件后启动动车	8. 监控动车组运行状态	1. 列车长确认人员上车，关闭车门后，经确认车门后，报告动车组司机	途中发生紧急制动，随车机械师申请下车检查救援车钩连挂状态。 返回途中，动车组司机密切监控蓄电池，低于84 V通知随车机械师。 根据车内情况，列车长决定开边门运行时，按空调门失效流程办理

5.1.5　机车担当动车组救援任务时的开出及行车凭证

（1）机务段接到非固定应急救援机车担当救援动车组列车的命令（通知）后，有条件时应指派熟悉救援区段设施设备的机务人员添乘，非牵引区段必须安排带道。机务段应制定固定应急救援机车管理办法，接到调度所出动担当救援任务的命令（通知）后，做到快速、有序出动，保证15分钟动车出段（存放点）。

（2）接车后及时正确设置CIR，GSM-R区段按规定注册CIR车次和GSM-R手持终端车次号，保持与列车调度员或车站值班员联系，保证通信畅通。

（3）救援列车在高速铁路运行时，行车凭证为出站信号机或线路所通过信号机显示的允许运行的信号（在信号机常态灭灯的区段，信号机应点灯），严格以地面信号机显示或有关停车标志作为行车依据。

（4）救援机车进入封锁区间的行车凭证为调度命令。司机应确认调度命令内容，命令不清、停车位置不明确不得动车；救援动车组时，机车列车管风压调整至600 kPa，电力机车担当救援时，司机必须准确掌握救援区段分相和禁停区位置。

（5）进入封锁区间前，司机必须通过列车调度员或机务段调度室取得被救援司机联系方式，加强与被救援司机联系，严格执行车机联控和呼唤应答制度。遇LKJ采用调车工作状态，开车前必须核对列车接近分相和禁停区的速度要求，当列车限速不能满足过分相和禁停区的速度要求时，及时向车站值班员或列车调度员汇报。

（6）普速铁路司机必须确认行车凭证及发车信号显示正确后，方可起动列车；高速铁路在车站发车时，由司机确认行车凭证正确，发车条件完备后，直接起动列车。

（7）在自动闭塞区间尾部担当救援时，应使LKJ处于通常工作状态，在信号机常态点灯的区段，按闭塞分区通过信号机的显示要求行车，在信号机常态灭灯的区段，应在列车占用的闭塞分区区间信号标志牌前停车；在自动闭塞区间前部担当救援、半自动闭塞区间及自动站间闭塞区间运行时，应使LKJ处于调车工作状态。在接近被救援列车2 km时，按规定严格控制速度，或以在瞭望距离内能够随时停车的速度运行，最高不得超过20 km/h，在防护人员处或压上响墩后停车（电力机车确认分相和禁停位置，防止停在分相和禁停区域内），与请求救援的列车司机进行联系，再按规定进行作业。联系用语如下：

① 救援司机："××次（被救援列车）司机，××次（救援列车）在××km××m处停车，核对停车地点"。

② 被救援司机："××次（被救援列车）停车地点公里标是××km××m"。

③ 救援司机："××次（被救援列车）停车地点公里标是××km××m，××次（救援列车）司机明白"。

（8）救援动车组以外的列车连挂后，将列车管压力与请求救援列车的列车管压力调整一致，挂有列尾的列车应建立一对一关系，检查机后一位车钩、软管等连挂状态，请求救援列车的机车司机确认机车制动机置于正确位置。进行制动机试验，制动试验完毕与现场人员共同检查撤除防溜（电化区段不得登上车辆手闸台缓解人力制动机），通知请求救援列车的机车乘务员及其他有关人员。

（9）救援机车凭动车组随车机械师显示手信号方可连挂，连挂完毕按随车机械师显示手信号或通知进行试拉；机车与动车组连挂完毕后确认机车车钩状态（有防跳销时须确认状态），与随车机械师共同确认车钩钩差不得超过 50 mm；与被救援司机配合进行制动性能确认，制动确认完毕被救援动车组方可撤除防溜；铁鞋压住不能撤除时，司机可按随车机械师的通知向铁鞋设置反方向稍行移动后再撤除铁鞋。

① 制动性能确认要求如下：

a. 机车向动车组充风至 600 kPa。

b. 确认动车组全列制动缓解（CRH1 型含停放制动）。

c. 列车管减压至 50 kPa（CRH1 型 400 kPa 以下），缓解停放制动。

d. 确认动车组全列空气制动施加（CRH1 型紧急制动施加）。

e. 无停放制动（CRH1 型除外）动车组在坡道上救援，制动性能确认前必须采取止轮器或铁鞋防溜后进行。

② 制动性能确认联系用语如下：

a. 救援司机："列车管压力 600 kPa，制动试验"。

b. 被救援司机："全列制动缓解"。

c. 救援司机："列车管减压××kPa"。

d. 被救援司机："全列空气（紧急）制动施加"。

e. 救援司机："制动试验正常"。

f. 被救援司机："制动试验正常，明白"。

（10）采用双管供风的列车在区间请求救援时，救援机车无双风管的，使用单风管供风维持运行至前方站，司机及时通知列车调度员（车站值班员）、车辆乘务员，到站后进行改单风管作业。

（11）救援列车开车前，担当救援司机与现场人员共同检查撤除防溜措施，通知被救援列车司机及其他有关人员，确认具备开车条件后方准起动列车，并向列车调度员报告。救援动车组列车开车前，列车调度员根据随车机械师提出的限速要求，向担当救援司机发布限速运行的调度命令；动车组列控车载设备转入或退出隔离模式不发布调度命令。

（12）救援机车返回站内时，正方向按 LKJ 通常工作状态运行，开车后进行距离人工校正；反方向或顶送时，LKJ 处于调车工作状态运行，严守各项限制速度，加强车机联控及与被救援列车司机的联系，严格按信号显示及调度命令的要求运行，在确认进站信号显示后方可进站。

（13）机车救援动车组运行中各项限制速度及要求：列车运行最高速度不得超过 120 km/h（CHR3 型重联动车组运行速度最高不得超过 80 km/h）；动车组制动切除不可用时列车运行最高速度不得超过 5 km/h；被救援动车组途中打开车门运行速度不得超过 60 km/h，进入高站台一侧的线路限速 40 km/h；随车机械师提出并签认限速。运行中尽可能避免实施紧急制动，发生紧急制动后，救援司机必须通知随车机械师，经随车机械师检查过渡车钩状态良好后方可继续运行。

（14）被救援途中司机不得在司机室内进行任何操作，监控蓄电池电压、风压及列车运行状态，发现超过范围按规定处置；CRH2/380A（L）型动车组蓄电池电压低于 84 V、CRH5A 型动车组蓄电池电压低于 20 V 时，被救援动车组司机通知救援司机申请就近站停车后升弓充电。设有弹停装置的机车，司机须监测弹停装置状态，防止机车抱闸运行。

（15）被救援动车组具备升弓供电条件时，允许动车组升弓供电，并应执行以下措施：

①过分相时被救援动车组采用自动过分相（高速铁路电力机车救援动车组除外），司机发现或接到自动过分相装置不能使用的通知时，在接近分相 3 km 处，救援机车司机利用鸣笛或列车无线调度通信设备通知被救援动车组司机，被救援动车组司机确认主断断开，向救援司机回复；如联系不上，救援机车司机须立即停车。

②高速铁路使用电力机车担当救援机车，如动车组升弓，由动车组司机通知救援机车司机，救援机车司机在通过分相区前通知动车组司机断电并降弓。

③救援机车司机运行中发现降弓标，降弓手信号、接触网异常或接到接触网停电通知后，应立即采取停车措施，通知被救援动车组司机降弓，向列车调度员报告，开车前须确认弓网设备状态。

（16）被救援电力机车具备升弓供电条件时，允许电力机车在长大上坡道升弓协助救援机车起动，并应执行以下措施：

①前、后机车必须在升单弓状态。

②通过分相时，机车应保持同一方向受电弓在升弓状态，不得前车升前弓、后车升后弓状态运行通过分相。

③第三位及其以后机车必须断电降弓通过分相。

④救援机车司机在接近分相 3 km 处，利用鸣笛或列车无线调度通信设备通知被救援司机，被救援司机确认主断断开（第三位及其以后机车同时确认受电弓降下），向救援司机回复；如联系不上，救援机车司机须立即停车。

⑤救援机车司机运行中发现降弓标，降弓手信号、接触网异常或接到接触网停电通知后，应立即采取停车措施，通知被救援司机降弓，向列车调度员报告，开车前须确认弓网设备状态。

a. 断电及降弓鸣笛联系要求：

要求重联（被救援）机车断电时，比照《技规》第四百六十一条，惰行信号鸣示"一长二短声"，要求重联（被救援）机车降弓时，鸣示"一短一长声"；重联（被救援）机车以同样方式及时进行回示，并断电、降弓。

b. 断电及降弓联控用语：

救援机车司机："××××机车，前方有分相绝缘器（降弓点），请断电（降弓）"。

重联（被救援）机车司机："××××机车断电（降弓）司机明白"。

（17）救援动车组以外列车进站后应按"机车停车位置标"停车；救援动车组进站后，机车司机停车位置按非操纵端司机室靠"16 辆动车组停车位置标"掌握；被救援动车组司机在确认停车位置准确，方可按规定开启车门。机车司机摘钩前，须确认被救援列车（动车组）已施加制动或采取防溜措施后方可提钩。摘解时，由随车机械师使用手持电台通知被救援动车组司机，动车组司机通知机车司机。

（18）列车在长大坡道、长大隧道救援时还应遵守以下措施：

①内燃机车救援停留在隧道内的旅客列车时，进入隧道前必须与被救援司机联系，确认被救援列车已具备挂车条件，方可进入隧道内救援；未确认时在隧道外停车，防止机车产生

的废气造成人身伤害。

②机车担当长大上坡道救援，挂车时严格控制速度，保证平稳连挂；两台机车担当救援时，前、后司机应加强配合，保证列车在坡道顺利起动。

③动车组列车在长大隧道内请求救援，需开门通风时，内燃救援机车与动车组连挂完毕准备动车前，动车组列车应关闭通风车门；列车驶出隧道应选择适当地点停车，司机通知列车调度员和列车长，按规定打开车门通风，继续运行。

④采取电力机车救援动车组，机车司机接到担当救援调度命令后，如要求采用限速40 km/h 及以下运行方式，列车前方须越过设置在长大上坡道的分相时，司机应向列车调度员报告，在得到列车调度员已对该分相采取短接分相方式等应急措施后，方可进入该区间。

机车救援动车组如图 5.2 所示。机车担当动车组救援处置流程如表 5.2 所示。

图 5.2　机车救援动车组

表 5.2　机车担当动车组救援处置流程

作业环节	序号	作业要点	标记
启动应急预案	1	机车由本段、各折返段出勤担当动车组救援任务时，运用车间应通知安全生产指挥中心启动动车组救援应急机制。车间安排胜任人员添乘机车，提供 GSM-R 手持终端机及救援动车组行车资料；由外段出勤或临时担当动车组救援任务时，由应急小组将救援动车组注意事项及列车办理客运站名告知乘务员，有条件时安排值班干部跟车添乘指导	
调度命令确认	2	共同确认列车调度员（车站值班员）的命令：日期、命令号、区间、调度（值班员）姓名、进入（返回）区间车次、停车地点、救援注意事项。跨越线路所救援时，必须同时封锁所间区间	
	3	与调度员、车站值班员核对命令内容，停车位置不明、命令内容不清严禁动车。根据调度命令中停车位置公里标、机车监控数据显示公里标计算出机车距被救援列车 2 km 前应控速 20 km/h 以下的公里标（反方向救援时调车状态应走行的距离），并记录在手账中。将调度命令内容汇报给应急指导人员，听取指导	

续表

作业环节	序号	作业要点	标记
调度命令确认	4	救援动车组时应携带 GSM-R 手持终端，未配备 GSM-R 手持终端时，应询问被救援动车组司机和随车机械车的手机号码，便于保持联系畅通，要求被救援动车组司机提供列车运行点单，明确列车办理客运作业站，并在手账内进行标注，条件允许时可要求动车组司机到前端指导。动车组通过高度为 1 100 mm 及以上高站台时，司机严格控制速度，不得超过 70 km/h。救援 CRH3 型重联动车组速度不得超过 80 km/h	
连挂	5	担当动车组救援任务时，过渡车钩的安装、专用风管和电气连接线的连接及分解均由随车机械师负责。司机凭动车组机械师连挂手信号以 2～3 km/h 的速度平稳连接密接式车钩，连挂妥当后进行试拉，由机械师确认密接式车钩、电气连接器连挂状态良好，检查防溜撤除情况	
	6	连挂后司机将列车管压力调整为 600 kPa，根据随车检修人员（机械师）的通知进行制动试验，试验完毕在取得被救援动车组司机具备开车条件的通知后，向列车调度员汇报，按照列车调度员发布的限速要求、运行条件及运行车次运行。无限速要求时不超 120 km/h，救援无动力动车组列车时限速要求由调度员在调度命令中明确	
区间运行	7	司机按要求输入调度命令给定的救援车次，输入担当区段交路号、车站号。接报告确认人员上车，车门已关闭后，汇报列车调度员开车	
	8	动车组救援运行速度按调度命令要求执行，无限速要求时不超 120 km/h；救援无动力动车组列车时限速要求由调度员在调度命令中明确	
	9	司机操纵列车按照"CRH 停车位置标"过一个机车停车。随车检修人员（机械师）关闭机车列车管和动车组 BP 管折角塞门，切断列车管与 BP 管的连接。由随乘司机（学习司机）摘开列车管，提开机车车钩	
	10	电力机车救援动车组时必须采用降弓方式过电分相，有动力动车组（动车组可以升弓）过分相时，本务机车应提前 3 km 鸣示降弓信号或使用 GSM-R 手持终端通知动车组降弓，未配备 GSM-R 手持终端时通知车站转报动车组司机通知动车组降弓，联系不上或未得到回复时应立即停车，避免烧损分相绝缘器。内燃机车救援机车，如动车组升弓，由动车组司机通知救援机车司机，救援机车司机在通过分相区前通知动车组司机断电并降弓	
	11	运行中尽可能避免使用紧急制动。不得已实施紧急制动停车后，救援机车司机应立即通知随车机械师，经检查确认过渡车钩状态良好后方可继续运行	
	12	顶送故障动车组时，由动车组司机负责确认列车前方状态和进站信号机显示，进站后通知救援单机司机对标停车	
监控装置设定	1	司机按要求输入调度命令给定的救援车次，输入担当区段交路号、车站号	
	2	救援机车反向运行进入区间，前部救援，正向牵引至接车站。 自闭区间：监控按"调车模式"进入封锁区间；正向牵引返回监控装置按监控模式运行。被救援机车的监控进入补机模式。 半自闭区间或自动站间区间：监控按调车模式进入和返回（《操规》第四十一条）。被救援机车进入补机模式	

作业环节	序号	作业要点	标记
监控装置设定	3	救援机车反向运行进入区间、前部救援，推进退回发车站。反方向进入区间监控均按调车模式进入封锁区间，推进时按调车模式运行。被救援列车监控进入"补机"状态。推进控速不超过 30 km/h，列车前方由调度命令指派携带列调电话的胜任人员负责引导，指挥列车在进站信号机外方停车，确认进信号机显示进行信号后（引导信号）将列车推入站内	
	4	救援机车正向运行进入区间、尾部救援，返回后方站。 自闭区间：按监控模式运行，机车信号接停车信号后停车转调车模式，至防护信号前再次停车联系确认，按要求连挂、试拉并进行制动试验，返回调车模式。 半自闭区间、自动站间区间：均按调车模式。被救援列车机车的监控装置进入补机模式	
	5	救援机车正向运行进入区间、尾部救援，正向推进至前方站。 自闭区间：按监控模式运行，机车信号接停车信号后停车转调车模式，至防护信号前再次停车联系确认，按要求连挂、试拉并进行制动试验，推进按调车模式。 半自闭区间、自动站间区间：均按调车模式，被救援机车按监控模式（作用良好）	

5.2　各车型救援具体操作与要求

5.2.1　复兴号动车组救援具体操作与要求

CR400AF 型动车组被机车救援操作流程见表 5.3。

表 5.3　CR400AF 型动车组被机车救援操作流程

序号	步骤	具体内容	操作说明	照片
1	涉及规章制度	《动车组回送作业办法》（铁总运〔2014〕157 号）		
2	提示	1. 故障发生 5 min 内，随车机械师向发生地所在局动车调度汇报故障信息。 2. 随车机械师下车作业前，通过司机申请临线限速 160 km/h 及以下的调度命令，必要时申请扣停临线，接到准许下车的调度命令后方可下车作业。 3. 头罩打开，须手动扳动或推动头罩，确认头罩锁闭到位。 4. 随车机械师需确认车钩防尘堵已取下		
3	被救援车	故障发生：区间停车 20 min、站内停车 30 min 仍无法判明故障原因或无法处置不能继续运行时，通知司机申请救援		

续表

序号	步骤	操作内容	是否完成	时间	操作说明	照片
1		司机施加停放制动，占用连挂端司机室。确认蓄电池电压不低于 100 V				
2		司机确认司控器手柄置"0"位，方向开关置"前向"位				
3	连挂准备作业	司机闭合连挂端司机室【联解控制】断路器				
4		司机通过连挂端司机室 HMI 屏操作【设备控制】→【连挂解连】进入"连挂解连"界面，点击【开始连挂】按键打开头罩			HMI 屏的连挂流程中"连挂准备—电钩退回到位—头罩锁打开—头罩打开—头罩锁关闭—机械钩解连—连挂准备就绪"依次自动显示绿色，动车组连挂端开闭机构处于打开到位并锁闭的状态，当连挂流程进行至"连挂准备就绪"时，显示【恒速2 km/h】按键	

续表

序号	步骤	操作内容	是否完成	时间	操作说明	照片
5		随车机械师车下确认头罩打开、锁闭良好且电气车钩退回，通知司机				
6		司机断开连挂端司机室【联解控制】断路器				
7	连挂准备作业	1. 司机将连挂端司机室【ATP隔离】开关置"隔离"位。2. 司机将连挂端司机室【司机警惕装置旁路】开关置"隔离"位。3. 司机双控车还需隔离LKJ				
8		随车机械师闭合连挂端司机室【救援装置】断路器				
9		1. 随车机械师将连挂端司机室"救援"开关置"被救援"位。2. 随车机械师将连挂端司机室【乘客紧急制动环路旁路】和【保持制动隔离】开关置"红点"位				

续表

序号	步骤	操作内容	是否完成	时间	操作说明	照片
10		1. 随车机械师关闭连挂端司机室头舱内"电钩"截断塞门（与管路垂直）。 2. 随车机械师确认司机室头舱内"救援"塞门和"救援旁通"塞门均处于截断位（与管路垂直）				
11	连挂准备作业	有蓄电池管理功能的动车组： 1. 随车机械师将连挂端司机室【负载切除】至"红点"位。 2. 司机在连挂端司机室点击HMI屏【维护界面】→【回送救援】→【回送发电】按键，确认各动车"预充电控制空开"圆点显示绿色				
12		无蓄电池管理功能动车组： 1. 随车机械师将连挂端司机室【预充电接触器控制】开关至"红点"位。 2. 司机在连挂端司机室点击HMI屏				

续表

序号	步骤	操作内容	是否完成	时间	操作说明	照片
12		【维护界面】→【回送救援】→【回送发电】按键,确认各动车"预充电控制空开""预充电接触器""预充电接触器空开"圆点变成绿色。 3. 司机操作"进入回送救援发电"及"确认"按键			重联时,每8辆编组都需在其中一端司机室操作【预充电接触器控制】开关至"红点"位	
13		司机断开主断路器,降下受电弓,确认蓄电池电压在 100 V 以上				
14	连挂准备作业	1. 随车机械师打开连挂端车下裙板内的"BP 救援转换装置"塞门(与管路平行)。 2. 随车机械师确认"BP 救援"塞门在打开位置(与管路平行)			位于车体二位侧救援转换装置裙板内	
15		随车机械师安装过渡车钩,确认安装状态良好			加挂过渡钩前需确认动车组前端车钩、过渡钩防尘帽已取下	

序号	步骤	操作内容	是否完成	时间	操作说明	照片
16		随车机械师在距动车组救援端前方300 m 处防护机车			在既有线路上随车机械师需设置响墩，并在机车响墩压响后及时清除	
17		1. 随车机械师引导机车停在距离动车组约3 m 的位置。2. 确认车钩与机车车钩对中				
18	连挂作业	1. 随车机械师确认机车车钩处于全开位，与动车组车钩对中。2. 随车机械师确认机车车钩防跳销已取下，钩提杆已落槽				
19		1. 随车机械师引导机车司机以不高于5 km/h 的速度进行连挂。2. 连挂完成后，随车机械师引导机车司机试拉，确认车钩连接良好			确认过渡车钩中心线与机车车钩中心线高度差不超过50 mm，如超差，允许上下调一格，依然无法满足时人工干预	
20		随车机械师安装防跳装置，连接 BP 风管				
21		机车司机打开机车折角塞门				

续表

序号	步骤	操作内容	是否完成	时间	操作说明	照片
22	连挂作业	随车机械师打开连挂端司机室头舱内"救援"塞门(与管路平行),确认"救援旁通"塞门处于截断位(与管路垂直)			若总风压力小于600 kPa,还需打开【救援旁通】塞门,待连挂后充风至 600 kPa 以上再截断	
23		司机在连挂端司机室确认停放制动施加,将司控器手柄置制动位,按"紧急复位"按钮,缓解本车紧急制动,然后将司控器手柄置"0"位			若未缓解紧急制动UB(CR400AF-C-0209为未缓解紧急制动或制动手柄置于"EB"位),直接打开【BP救援转换装置】塞门,BP救援转换装置内的紧急电磁阀会持续排风	
24	制动试验	机车司机进行制动试验				
25		司机与随车机械师共同确认制动施加、缓解正常,制动试验良好				
26	运行监控	司机盯控总风压力不低于 530 kPa,否则需停车检查,待风压恢复正常后行车。必要时切除停放制动和空气制动			制动可用时,限速120 km/h 运行;制动不可用时,限速 5 km/h运行	
27		司机盯控蓄电池电压不低于 98 V,当降至 98 V 时,申请在合适地点停车,升弓充电,确认电压高于 100 V 方可继续回送			有蓄电池管理功能的动车组,蓄电池电压降至 95 V 时,动车组自动施加紧急制动,需将【欠压保护】旋钮置"红点"位后,操作升弓供电	

序号	步骤	操作内容	是否完成	时间	操作说明	照片
28	运行监控	在运行期间重点监控制动施加情况，若发生紧急制动，随车机械师需检查车钩状态				
29		司机操作动车组施加停放制动				
30		随车机械师关闭连挂端司机室前舱内【救援】塞门				
31	解连作业	机车司机关闭机车列车管折角塞门，操作钩提杆，解锁车钩连接。				
32		1. 随车机械师解开制动软管。2. 随车机械师引导机车司机摘解车钩。3. 随车机械师拆卸动车组过渡车钩。				
33		随车机械师将动车组车下连挂端"BP救援转换装置"截断塞门关闭（与管路垂直）				

续表

序号	步骤	操作内容	是否完成	时间	操作说明	照片
34		司机闭合连挂端司机室【联解控制】断路器				
35	解连作业	1. 司机点击 HMI 屏的"连挂解连"界面中的【解连流程】进入解连界面。 2. 司机点击【开始解连】按键，HMI 屏的解连流程中"解连准备—电钩退回到位—空气管关闭—机械钩解连—解连准备就绪"依次显示绿色。 3. 司机点击【关闭关罩】并【确认】，HMI 屏的解连流程中"头罩锁打开—头罩关闭—头罩锁关闭—解连完成"依次显示绿色，解连端开闭机构处于关闭并锁闭的状态			解连完成后，解连流程项点均恢复为初始状态	

5.2.2　CRH380A 平台动车组救援具体操作与要求

CRH380A（统）型动车组被动车站、机车救援操作流程见表 5.4。

表 5.4　CRH380A（统）型动车组被动车组、机车救援操作流程

适用范围：CRH380A 统（2641～2807、2809～2817、2819～2827、2829～2912，2921～2925，2931～2935）
<div align="center">重要提示</div>
⚠表示关键操作信息提示，⚠表示错误操作故障现象

1. 动车组运行中因最大常用制动、紧急制动停车后，要立即检查救援连挂端及连挂端面状态。

2. 救援途中动车组随车机械师须监视动车组的制动和缓解情况，确认途中无异常声响和振动。总风风压应在 530 kPa 以上。

3. 使用统型过渡车钩时，须确认车钩中心水平线高度差不得超过 50 mm，超过时需调节高度差，只允许调节一格。

4. 若动车组满足以下条件之一，则与动车组连挂后直接切除全列空气制动进行救援，并注意设置防溜。

①不具备升弓供电条件或蓄电池充电功能不良，蓄电池电压无法支撑救援时间；

②动车组制动控制系统故障；

③动车组制动无法缓解。

5. 若动车组具备升弓供电条件且蓄电池充电功能良好，或蓄电池电压足够支撑救援时间，则按照此流程操作，并通过切除部分直流负载的方式增加蓄电池续航时间

序号	项目	具体内容	说明	参考图片
1	被救援车准备工作	车组确认： 1. 故障发生后需申请救援时，通知司机申请救援。 2. 如有需要由司机根据提出申请并告知随车机械师下车按规定设置防溜。 3. 确认救援列车来车方向及救援列车型号	⚠️与司机联系→确认救援来车方向	
		使用强制开头罩操作打开头罩		
		蓄电池电压、总风压盯控通知司机盯控蓄电池电压： 1. 确认蓄电池电压在 87 V 以上、总风压在 600 kPa 以上。 2. 蓄电池电压低于 87 V 时立即拔取主控。 3. 总风压低于 600 kPa 时通知随车机械师	⚠️拔取主控时司机需联控列车长	
		隔离警惕： 通知司机打开主控端司机室转换开关盘 1→操作【警惕报警隔离】打至红点位	隔离司机警惕装置，避免意外触发紧急制动对过渡车钩造成损坏	

序号	项目	具体内容	说明	参考图片
1	被救援车准备工作	救援开关整备： 1. 打开救援连挂端司机室配电盘→闭合【救援转换装置】断路器。 2. 打开两端司机室转换开关盘→操作【救援转换集控隔离开关】打至红点位	⚠此操作将动车组因总风压力低触发紧急制动的条件由原来的590 kPa 切换至 340 kPa。 ⚠重联时 4 个司机室的【救援转换集控隔离开关】都需要操作	
		电务设备隔离： 配合司机打开救援连挂端 ATP 柜→操作隔离 ATP/LKJ→确认【ATP 系统电源】处于闭合位，且屏幕显示"隔离"	此操作将行车相关设备进行隔离，被救援动车组的行车控制权交给救援动车组，避免列控系统在运行时触发紧急制动。 ⚠保持司机室配电盘【ATP 系统电源】断路器处于闭合状态。 ⚠若【ATP 系统电源】空开断开，将导致车组施加紧急制动	

序号	项目	具体内容	说明	参考图片
1	被救援车准备工作	安装导向杆： 在司机室观察线路情况。如停在弯道上时，连挂前需确认车钩中心线位置差，超限则需要安装导向杆后再进行连挂	⚠斜弯道要注意观察车钩中心线与救援动车组车钩中心线是否在一条直线上	
		切除负载操作： 根据实际情况切除蓄电池负载	此操作将断开部分负载，保证蓄电池续航能力	
		拔取主控： 断开主断路器，降下受电弓，拔取主控	⚠拔取主控时司机联控列车长	
		提前准备好防护信号（白天红、绿旗，夜间手信号灯）。将过渡车钩取出（如使用过渡车钩连挂）		
2	被救援车请令下车	下车准备 1. 向司机申请下车令。 2. 向司机申请临线限速令。 3. 清点车下作业工具。 4. 通知客运人员防护车门。 5. 从非会车侧下车	⚠确认邻线封锁或邻线限速。 ⚠注意线路安全，不得跨越股道；高架桥上行走时注意脚下路面石板，尽量避免踩在石板上，防止失足跌落；站台侧作业时要注意股道与站台间的空隙，紧贴车体进行作业，注意安全	
	被救援车检查确认	检查确认： 所有受电弓已降下		
		检查确认： 检查确认头罩打开到位，头罩圆销入孔，已锁闭到位		

序号	项目	具体内容	说明	参考图片
2	被救援车检查确认	检查确认： 1. 取下车钩防护罩。 2. 清除车钩风管上的"防尘堵（胶带）"。 3. 检查确认车钩外观各接口等部件处无杂物。 4. 其他部件外观正常，密接式车钩、电气连接器状态良好，电钩处于收回状态，机械钩钩舌处于收回状态	⚠若防尘堵（胶带）未清除，安装过渡车钩后可能阻塞风管，导致风路无法贯通	
3	安装过渡车钩	安装过渡车钩如有需要	⚠各过渡模块配合使用	
4	需要切除制动时	1. 动车组蓄电池电压低无法继续供电时； 2. 动车组无风源导致风压无法满足缓解停放制动或会触发紧急制动时； 3. 动车组存在其他故障需要切除制动时	⚠需要切除制动时，按照制动切除流程切除制动，并做好防溜措施	
5	引导作业	由随车机械师进行区间防护	⚠由随车机械师在救援列车开来方向，距离动车组不小于 300 m 处人工进行防护，不再放置响墩防护	
		救援动车组、机车到达防护位置停车→救援动车组、机车司机联控随车机械师→得到随车机械师同意后→撤除防护信号→救援动车组、机车在距离被救援动车组前方 10 m 左右停车→将防护信号交被救援车随车机械师进行引导		
7	连挂作业	给出连挂信号		
		手信号指示救援动车组→以不大于 5 km/h 的速度进行连挂		

序号	项目	具体内容	说明	参考图片
7	连挂作业	连挂完毕→检查连挂状态	⚠若连挂未到位，联系救援动车组、机车司机进行压钩，确保连挂到位	
8	试拉	检查完毕→通知救援动车组、机车进行试拉		
		试拉确认没有脱钩→判断车钩连接良好		
		被机车救援时，需安装防跳止挡	⚠防跳止挡指向车钩内侧；插销卡扣要位于车钩外侧。 ⚠若防跳止挡指向车钩外侧时，救援运行中可能导致车钩分离。插销卡扣位于车钩内侧时，救援运行中可能因碰撞使卡扣变形，从而无法发挥固定防跳止挡的作用，导致因防跳止挡失效造成车钩分离	
9	BP救援贯通风路	连接动车组、机车BP管	⚠全列制动切除时，无须"贯通风路"操作 ⚠过渡车钩设有总风软管时，要注意固定软管，防止运行中摆动，同时可能出现排风现象，此时需关闭【救援断】、【救援MR通】塞门。 ⚠风管连接角度不对易脱开，存在安全隐患，此时要确认风管接头止挡应在弧底内侧，可通过外力用力向弧底按压检测连接状态；必要时可通过使用管子钳轻微调整风管角度或用铁丝绑扎固定接头	

续表

序号	项目	具体内容	说明	参考图片
9	BP 救援贯通风路	车下塞门操作： 确认救援机车人员已打开机车列车管折角塞门→确认救援动车组头罩内部侧面的【BP】阀处于导通状态→确认被救援动车组头罩内部侧面的【BP】阀处于导通状态（手柄为平行位）	救援动车组风压通过【BP】塞门进入被救援动车组 BP 管，救援转换装置将检测的 BP 管压力转换成动车组的制动指令，该塞门为常打开位。 ⚠ 塞门处于打开状态时，与管路平行。 ⚠ 若 BP 阀未打开，则制动转换装置因检测 BP 压力为 0，从而向动车组发出最大常用制动指令，导致动车组制动无法缓解	
		车上塞门操作： 1. 被救援动车组司机室设备舱 2 打开【救援断】、【救援旁通断】塞门。 2. 确认总风压力达到 600 kPa 后将【救援旁通断】塞门关闭。 3. 返回司机室，关闭各设备舱门。	【救援旁通断】为总风管进行快速充风。 【救援断】后有节流阀，以较小流量给动车组持续充风，以避免运行途中充风过快，导致 BP 管压力突然下降，被救援动车组意外施加制动	
10	制动试验	通知救援动车组、机车司机投入主控→通过 MON 屏确认总风正常→确认停放制动已施加→操作转换开关盘 1【停放缓解紧急】旋钮（动车组救援时）→进行紧急复位→确认紧急制动缓解正常→将手柄置于运行位	此操作将动车组施加停放制动，缓解紧急制动，为后续制动试验做准备。动车组制动手柄置于运行位后，救援动车组、机车接管被救援动车组制动控制权，通过列车管进行减压制动控制。 ⚠ 若总风压力不正常，可能为【BP 阀】、【救援断】打开不到位；若紧急制动未缓解，可能为 ATP 未正确隔离	

续表

序号	项目	具体内容	说明	参考图片
10	制动试验	下车→确认连挂端无漏风情况		
		上车→通知动车组司机联控救援动车组、机车司机连挂完毕→开始制动试验		
		通知被救援动车组司机联控救援列车司机施加制动→确认动车组制动施加正常		
	常见制动故障处理	通知被救援动车组司机联控救援列车司机缓解制动→得到回复→确认动车组制动缓解正常→通知救援列车司机制动试验完毕。 ①若出现全列制动不缓解→确认制动手柄位置→注意查看配电盘信息界面确认 JTR、UVR、EBR、NBR 状态→判断是紧急制动不缓解还是常用制动不缓解。 ②若为常用制动不缓解→可检查车下软管是否有风、BP 阀是否打开→排除上述因素后查看动车组是有相关故障→按照手册进行排查处理。 ③若为紧急制动不缓解→若 EBR 报红→则确认 ATP 隔离开关、ATP 系统电源空开状态，必要时可短接 154G2-154G1	⚠️确认全列每个车厢均缓解。若有车辆进行停放制动切除操作→通知被救援动车组司机联控救援动车组司机进行滚动试验，并观察轮对转动状态，确认制动缓解	

5.2.3　CRH5A 型动车组救援具体操作与要求

CRH5A 型动车组被动车组救援时的操作流程见表 5.5。

表 5.5　CRH5A 型动车组被动车组救援时的操作流程

序号	步骤	具体内容	是否完成	时间	操作说明	照片
1	涉及规章制度	1.《铁路技术管理规程》(铁总科技〔2017〕221 号）； 2.《铁路动车组运用维修规则》(铁总运〔2017〕238 号）； 3.《动车组回送作业办法》(铁总运〔2014〕157 号）； 4.《CRH5 系列动车组途中故障应急处理指导手册》(机辆动客函〔2019〕6 号）； 5.《动车组相互救援作业实施办法》(技术规章编号 TG/CL 302—2018）				

序号	步骤	具体内容	是否完成	时间	操作说明	照片
2	提示	⚠表示关键操作信息提示。 ⚠表示错误操作故障现象				
		救援动车组能够控制被救援动车组常用制动，整列救援列车无车辆空气制动切除时，救援限速 120 km/h，有车辆空气制动切除时，救援限速 60 km/h。救援动车组不能控制被救援动车组常用制动时，救援限速 60 km/h				
		短编组动车组救援长编组动车组，在大于 10‰ 的坡道禁止向上坡道方向起动				
		短编组与长编组连挂最大长度为 643 m，长编组与长编组连挂最大长度为 858 m				
		被救援动车组具备条件时可以升弓，但连挂的两组动车组相邻弓不得同时升起				
		动车组运行中因最大常用制动、紧急制动停车后，要立即检查救援连挂端及相邻两个连挂端面状态				
		救援过程中，需在被救援动车组连挂端司机室密切监视蓄电池电压和总风风压，确认其在要求范围内，动车组总风风压应在 530 kPa 以上，若低于 530 kPa，需停车检查，待风压恢复正常后行车，必要时切除停放制动				
1	被救援车连挂准备	1.1 机在连挂端施加停放制动			⚠如动车组无动力停留在 20‰ 及以上坡道，需设置防溜	 停放制动施加按钮
		1.2 蓄电池电压高于 20 V，司控器主手柄置"0位"，方向开关置"0"位				 方向手柄 主手柄

序号	步骤	具体内容	是否完成	时间	操作说明	照片
1	被救援车连挂准备	1.3 操作开闭机构旋钮，将头罩打开			⚠ 确保总风管压力大于 600 kPa，可操作自动开闭机构	 开闭机构打开到位
		1.4 取下车钩防雨罩，确认头罩完全打开且锁闭良好				
		1.5 确认各截断塞门状态。 1.5.1 用三角钥匙打开待连挂端两侧注砂口盖板。 1.5.2 总风管截断塞门 Z05 在截止位（与管路垂直），列车管截断塞门 Z06 在截止位（与管路垂直），电气车钩截断塞门在截止位（与轨道方向平行）。 1.5.3 作业完毕后关闭两侧注砂口盖板				 Z06 列车管截断塞门Z06 Z05 电气车钩截断塞门
		1.6 断开主断路器、降下受电弓				

续表

序号	步骤	具体内容	是否完成	时间	操作说明	照片
1	被救援车连挂准备	1.7　将 ATP 的紧急制动选择开关和警惕装置开关分别置于隔离位。将 QEL 柜内 30Q12 空开断开，并切除全列客室照明、前照灯、空调、卫生间以及撒砂系统等直流负载				
2	连挂准备	2.1　直接连挂时，检查车钩外观各接口等部件处无杂物，其他部件外观正常				
		2.2　若需要安装过渡车钩时，检查机械车钩外观各接口等部件处无杂物，其他分部件外观正常并取下导向杆；准备好过渡车钩模块 3，清除模块上防尘堵，确认无异物。选择正确的辅助挂钩（较高一侧），安装过渡车钩模块 3。			⚠ 可能存在模块 3 未安装到位即车钩指示线无法对齐的现象，操作解钩拉绳解钩后再次压装，或使用过渡车钩柱形销撬动、联控救援动车组进行连挂、压钩	

序号	步骤	具体内容	是否完成	时间	操作说明	照片
2		2.2.1 待救援动车组到达被救援动车组 5 m 处后与救援动车组机械师配合将救援车的过渡车钩模块安装在过渡车钩模块 3 上。 2.2.2 旋转救援动车组过渡车钩模块辅助挂钩，确保该辅助挂钩未超出过渡车钩界限，连接风管并确认安装良好。 2.2.3 确认电气车钩处于收回状态				 连挂到位指示
3	引导作业	救援车组到达防护位置停车后，与救援车组机械师联系通知司机在距离动车组前方 5 m 左右停车				
4	连挂作业	4.1 检查车钩是否与救援动车组车钩在同一直线上。若车钩与救援动车组车钩不在同一直线上且未安装过渡车钩，确认救援动车组车钩导向杆安装到位				
		4.2 手信号指示救援动车组，以不高于 5 km/h 的速度进行连挂。检查连挂状态良好后进行试拉作业			⚠ 若连挂未到位，联系救援车司机进行压钩，确保连挂到位	
5	贯通风路	5.1 用三角钥匙打开连挂端一位侧注砂口盖板，打开列车管截断塞门 Z06				 Z06
		5.2 用三角钥匙打开连挂端二位侧注砂口盖板，若为直接连挂时，打开总风管截断塞门 Z05；若为过渡车钩连挂时，打开回送管截断塞门 Z30			⚠ 直接连挂时，若总风管无法与救援车贯通，需打开回送管截断塞门 Z30	 Z05

续表

序号	步骤	具体内容	是否完成	时间	操作说明	照片
5						 Z30
		5.3　作业完毕后，关闭并锁闭各盖板				

5.2.4　CRH6A 型动车组救援具体操作与要求

CRH6A（统）型动车组被机车救援基本操作及典型故障处置见表 5.6。

表 5.6　CRH6A（统）型动车组被机车救援基本操作及典型故障处置

重要提示
适用范围：CRH6A 统
⚠表示关键操作信息提示。⚠表示错误操作故障现象
救援回送运行限速 120 km/h，制动不可用时限速 5 km/h
动车组运行中因紧急制动停车后，要立即检查救援连挂端及相邻两个连挂端面状态
救援途中动车组随车机械师须监视动车组的制动和缓解情况，确认途中无异常声响和振动。总风压力应在 550 kPa 以上
1. 若动车组满足以下条件之一： （1）不具备升弓供电条件或蓄电池充电功能不良，蓄电池电压无法支撑救援时间； （2）动车组制动控制系统故障； （3）动车组制动无法缓解。 则与机车连挂后直接切除全列空气制动，并注意设置防溜。 2. 若动车组具备升弓供电条件且蓄电池充电功能良好，或蓄电池电压足够支撑救援时间，则按照此流程操作，并通过切除部分直流负载的方式增加蓄电池续航时间

序号	项目	具体内容	说明	参考图片
1	被救援车准备工作	故障发生：区间停车 20 min、站内停车 30 min 仍无法判明故障原因或无法处置不能继续运行时,通知司机申请救援	⚠跟司机联系→确认救援来车方向	
		通知司机保持动车组处于制动施加状态	⚠避免溜车风险	

序号	项目	具体内容	说明	参考图片
1	被救援车准备工作	打开开闭机构： 自动打开头罩：闭合司机室配电盘里【头罩控制器】断路器→将【头罩控制】旋钮旋至"打开"位。 手动开启头罩：断开司机室右后方配电柜【头罩控制器】断路器，关闭司机室操纵台左下方设备柜内【罩开闭】阀，将手动解锁手柄拉到开位。手动开启头罩至全开位。恢复手动解锁手柄	为减少误操作风险，推荐使用自动开头罩方式。 ⚠ 如果已经明确来车方向，只需打开来车方向开闭机构。 ⚠【头罩控制】为自复位旋钮，操作时至少保持 3 s	
		在 MON 屏【连接头罩信息】界面上确认车钩罩打开状态正常。 正常 □，不正常 □	⚠ 若不正常，则手动开启	
		断开【头罩控制器】断路器		

序号	项目	具体内容	说明	参考图片
1	被救援车准备工作	检查：蓄电池电压为_____V；总风压力为_____kPa		
		通知司机盯控蓄电池电压→确认蓄电池电压在 87 V 以上、总风压力在 700 kPa 以上。蓄电池电压低于 87 V 时立即拔取主控，总风压力低于 700 kPa 时通知随车机械师	⚠拔取主控时要通知列车长	
		打开救援连挂端司机室配电盘→【警惕报警隔离】开关右旋至隔离位→把【保持制动切除】开关右旋至红点处	无法判明救援来车方向时根据实际情况调整操作步骤顺序。隔离司机警惕装置，避免意外触发紧急制动对过渡车钩造成损坏	
		闭合司机室配电盘内【救援指令器】断路器		
		打开救援连挂端司机室配电盘→【救援开关】旋至"被救"位		

续表

序号	项目	具体内容	说明	参考图片
1	被救援车准备工作	打开救援连挂端 ATP 柜→隔离 ATP/LKJ→确认 ATP 屏点亮，且屏幕显示"隔离"→若 ATP 黑屏，则确认 MON 屏配电盘信息 EBR 未变绿	此操作避免列控系统在运行时触发紧急制动。 ⚠ 保持司机室配电盘【ATP 系统电源】或【ATP 控制】断路器处于闭合状态。 ⚠ 若【ATP 系统电源】或【ATP 控制】断路器断开将导致动车组施加紧急制动	LKJ 隔离开关
		在司机室观察线路情况。 平直道 □，斜弯道 □	⚠ 斜弯道要注意观察车钩中心线与机车车钩中心线是否在一条直线上	
		确认动车组停放制动已施加		
		询问司机动车组坡道情况，若需要设置防溜时，按照规定设置防溜措施		
		跟司机联系→确认救援来车方向。 01 车方向 □，00 车方向 □		
		切除全列非关键负载→断开【室内灯1】、【室内灯2】、【室内灯3】、【集便器控制】、【车内显示器】、【电茶炉控制】、【3C】、【弓网环境监测】、【影视控制】	可根据实际情况调整操作步骤顺序	
		检查：蓄电池电压为＿＿V，总风压力为＿＿kPa。 确认受电弓已降下→拔取主控	⚠ 拔取主控时要通知列车长	
		提前准备好防护信号（白天红、绿旗，夜间手信号灯）		
		向司机申请调度命令下车		

序号	项目	具体内容	说明	参考图片
2	被救援车请令下车	带好防护信号→通知车长防护车门 确认调度命令。 口头调度命令 □，纸质调度命令 □ 命令号： 邻线封锁 □，邻线限速 □		
3	被救援车检查确认	注意线路安全，不得跨越股道；高架桥上行走时注意脚下路面石板，尽量避免踩在石板上，防止失足跌落；站台侧作业时要注意股道与站台间的空隙，紧贴车体进行作业，注意安全		
		列车长到位后手动开门下车		
		下车确认动车组所有受电弓都处于降弓状态		
		手拉确认车钩罩无法动作→已锁闭到位		
		清除车钩风管上的"防尘堵（胶带）"→确认两端车钩罩状态。 01 车状态：正常 □，不正常 □ 00 车状态：正常 □，不正常 □	若防尘堵（胶带）未清除，安装过渡车钩后可能阻塞风管导致风路无法贯通	
		检查确认车钩外观，各接口等部件处无杂物→其他部件外观正常		
4	安装过渡车钩	准备好过渡车钩模块 3+模块 4→清除模块上的防尘堵（胶带）→确认无异物		
		选择正确的辅助挂钩（较低一侧）→安装过渡车钩模块 3→确认安装正确	⚠ 可能存在模块 3未安装到位即车钩指示线无法对齐的现象，操作解钩拉绳解钩后再次压装，或使用过渡车钩柱形销撬动、联控救援机车进行连挂、压钩。	

序号	项目	具体内容	说明	参考图片
4	安装过渡车钩	按照侧面指示线指示安装好模块4→用插销固定→安装R形开口销→拆除防跳止挡→压装过渡车钩→确认模块3上方指针指示到位（模块4安装方向为铭牌在上）	⚠ 模块4正确安装时其侧面指示（红）线在其中心（白）线上方。⚠ 过渡车钩设有总风软管时，要注意固定软管，防止运行中摆动，同时可能会出现排风现象，此时需关闭【MR贯通】阀	
5	制动切除	动车组蓄电池电压低无法继续供电时；动车组无风源导致风压无法满足缓解停放制动或触发紧急制动时；动车组存在其他故障需要切除制动时	⚠ 需要切除制动时，按照制动切除流程切除制动，并做好防溜措施	
6	引导作业	前往救援机车来车方向300 m处做好防护 救援机车到达防护位置停车→救援机车司机联控随车机械师→得到随车机械师同意后撤除防护信号→救援机车在距离动车组前方10 m左右停车→将防护信号交被救援车随车机械师	⚠ 随车机械师将防护信号设置于面向救援来车方向右侧的钢轨上，返回动车组进行被救援准备工作 ⚠ 各局根据自身相关规定情况执行	
7	连挂准备	检查车钩是否与机车车钩在同一直线上→若车钩与机车车钩不在同一直线上→通知机车司机调整车钩角度→确认机车车钩处于全开位置，便于连挂，避免连挂时损坏车钩	⚠ 确认正常后进行以下工作，不正常时调整后再进行以下工作。⚠ 若车钩与救援车车钩不在同一直线上，连挂时可能无法连挂成功，可能对动车组车体造成损坏	

续表

序号	项目	具体内容	说明	参考图片
8	连挂作业	给出连挂信号		
		手信号指示救援机车→以不高于 5 km/h 的速度进行连挂		
		连挂完毕→检查连挂状态	⚠ 若连挂未到位,联系救援机车司机进行压钩,确保连挂到位	
9	试拉	检查完毕→通知救援机车进行试拉		
		试拉确认没有脱钩→判断车钩连接良好		
		安装防跳止挡→确认安装正确	⚠ 防跳止挡指向车钩内侧;插销卡扣要位于车钩外侧。 ⚠ 若防跳止挡指向车钩外侧,救援运行中可能导致车钩分离。插销卡扣位于车钩内侧时,救援运行中可能因碰撞使卡扣变形,从而无法发挥固定防跳止挡的作用,导致因防跳止挡失效造成车钩分离	
10	贯通风路	⚠ 全列制动切除时,无须进行后续"贯通风路"和"制动试验"操作步骤,要注意固定过渡车钩上的软管,防止运行中摆动。此时需要操作确认【MR 贯通】阀和【BP 救援】阀处于关闭状态		
		连接机车列车管与动车组制动(BP)管(过渡车钩模块上方的软管)并确认连接正确	⚠ 风管连接角度不对易脱开,存在安全隐患	
		通知机车司机打开机车列车管的折角塞门→打开连挂端车下运行方向右侧 BP 救援装置裙板→操作确认【BP 救援】阀为打开状态→关闭裙板并确认锁闭良好→打开司机室左侧柜【救援旁通断】阀→确认总风压力达到 600 kPa 后将【救援旁通断】阀关闭→再打开【救援断】阀	【救援旁通断】为总风管进行快速充风。 【救援断】后有节流阀,以较小流量给动车组持续充风,以避免运行途中充风过快导致 BP 管压力突然下降,被救援动车组意外施加制动。	

续表

序号	项目	具体内容	说明	参考图片
10	贯通风路		⚠ 阀处于打开状态时，与管路平行。 ⚠ 若【BP 救援】阀未打开，则救援转换装置因 BP 压力为 0，从而向动车组发出紧急制动指令，导致车组制动无法缓解	
11	制动试验	通知司机投入主控→确认总风正常→确认停放制动已施加→操作【放缓解紧急】旋钮→进行紧急复位→确认紧急制动缓解正常→将手柄置于运行位→确认司机室配电盘【应急通风】旋钮在"断"位	此操作将动车组施加停放制动，缓解紧急制动，为后续制动试验做准备。 动车组制动手柄置于运行位后，机车接管动车组制动控制权，通过列车管进行减压制动控制。 ⚠ 若总风压力不正常，可能为【救援断】打开不到位；若紧急制动未缓解，可能为【BP救援】阀未打开或 ATP 未正确隔离	
		下车→确认连挂端无漏风情况		
		上车→通知动车组司机联控机车司机连挂完毕→开始制动试验		
		通知动车组司机联控机车司机施加制动（减压 100 kPa）→得到回复→确认动车组制动施加正常	⚠ 减压值各局根据自身相关规定情况执行	
		通知动车组司机联控机车司机缓解制动→得到回复→确认动车组制动缓解正常→通知动车组司机通知机车司机制动试验完毕	确认全列每个车厢均缓解。若有车辆进行停放制动切除操作→通知动车组司机联控机车司机进行滚动试验，并观察轮对转动状态，确认制动缓解	

序号	项目	具体内容	说明	参考图片
11	制动试验	若出现全列制动不缓解→确认制动手柄位置→注意查看配电盘信息界面，确认 JTR、UVR、EBR、NBR 状态→判断是紧急制动不缓解还是常用制动不缓解。 若为常用制动不缓解→可检查车下软管是否有风、【BP 救援】是否打开→排除上述因素后查看动车组是否有相关故障→按照手册进行排查处理。 若为紧急制动不缓解→若 EBR 变绿→确认 ATP 隔离开关【ATP 控制】或【ATP 系统电源】断路器状态→必要时可短接 154G2-154G1→若主控端 JTR 报红→查看是否其他故障发生，按照手册进行排查处理→若无相关故障报出，则检查救援手柄、MON 屏车辆信息界面等是否存在异常→必要时可进行短接操作→若有一个车或多个车 UVR 报红→查看确认是否有单车制动切除且未操作紧急短路→查看总风状态等→必要时可进行短接操作	⚠ 若制动无法缓解，按照手册进行排查处理，处理无效时切除全列制动	
12	恢复现场	若动车组已设置防溜措施，须撤除防溜措施	⚠ 全列制动切除时确认全列每个车厢均缓解→通知动车组司机联控机车司机进行滚动试验，并观察轮对转动状态，确认制动缓解	
		将车下所有工具、备品带齐上车。个人工具包 □，电台 □，GSMR □，防护信号 □，其他物件 □		
		关闭车门→缓解停放制动→恢复【停放缓解紧急】旋钮→通知动车组司机联控机车司机可以动车	⚠ 紧急制动会再次施加，注意需要进行紧急复位。 ⚠ 全列制动切除时，无须操作【停放缓解紧急】旋钮	

续表

序号	项目	具体内容	说明	参考图片
13	救援运行	动车→运行途中加强盯控动车组状态 通知司机运行途中加强盯控动车组总风压力、蓄电池电压、列车运行状态。 风压＞550 kPa，电压＞84 V	⚠①总风压力在450～550 kPa 时，动车组可能会自动施加常用制动；停放制动未切除的情况下，总风压力低于450 kPa 时，动车组自动施加停放制动并触发紧急制动。 ②蓄电池电压低至77 V 时，动车组蓄电池自动断电保护，同时触发紧急制动。 ⚠动车组运行中因紧急制动停车后，要立即检查救援连挂端及相邻两个连挂端面状态	
14	解编作业	停车→施加停放制动或设置防溜措施并确认		
		确认机车司机已关闭机车列车管折角塞门→摘解制动软管		
		关闭【BP 救援】、【救援断】阀门		
		通知救援机车解钩动车		
		拆下动车组过渡车钩→放回动车组规定位置（途中可搬至车厢）		
		动车组司机关闭前端罩盖	⚠前端罩盖不能自动关闭时，机械师手动关闭	
		恢复回送时所有阀门及断路器等		

5.3 动车组间相互救援具体操作与要求

为提高动车组间相互救援效率，节省救援时间，救援时原则上按照同型号动车组、同平台动车组、不同平台动车组的优先顺序进行相互救援。

5.3.1 动车组间相互救援的总体要求

《铁路技术管理规程》（高速部分）中关于动车组间相互救援的规定如下：

第四百四十五条　列车调度员接到救援申请，按规定发布调度命令封锁区间，并报告值班主任（值班副主任）。

第四百四十六条　列车调度员将救援方案通知车站值班员和请求救援的动车组司机。担当救援的动车组列车需要跨区段担当救援任务时，列车调度员须通知机车调度员（动车司机调度员）指派带道人员。

第四百四十七条　列车调度员及时发布有关调度命令。担当救援的动车组司机接到救援命令后，必须认真确认。命令不清、停车位置不明确时，不准动车。

第四百四十八条　向封锁区间发出救援动车组时，不办理行车闭塞手续，以列车调度员的命令，作为进入封锁区间的许可。

第四百四十九条　救援列车的出发或返回，均应通知列车调度员及对方站（与本站为同一人办理时除外）。如事故现场设有临时线路所时，列车调度员（车站控制时为车站值班员）应于发车前，商得线路所车站值班员的同意。

第四百五十条　发生事故时，在事故调查组人员到达前，站长（副站长）应随乘发往事故地点的第一列救援列车到事故现场，负责指挥列车有关工作。

第四百五十一条　在故障动车组前部救援时，担当救援的动车组按隔离模式进入区间，在接近被救援列车 2 km 时，以在瞭望距离内能够随时停车的速度运行，最高不超过 20 km/h，在距被救援列车不小于 300 m 处一度停车，与被救援列车联系确认后进行作业；在故障动车组尾部救援时，开放出站信号，担当救援的动车组按完全监控模式进入区间，在行车许可终点停车，与被救援列车联系确认后，按目视行车模式进入前方闭塞分区，以在瞭望距离内能够随时停车的速度运行，最高不超过 20 km/h，在距被救援列车不小于 300 m 处一度停车（行车许可终点距被救援列车不足 300 m 时除外），与被救援列车联系确认后进行作业。

连挂前，司机须与列车调度员联系，在接到列车调度员已发布邻线限速 160 km/h 及以下的调度命令（妨碍邻线及组织旅客疏散时为已扣停邻线列车）的口头指示后，方可开始作业。

第四百五十二条　被救援动车组转入或退出隔离模式不发布调度命令。

第四百五十三条　当故障动车组处理后可继续运行时，列车调度员应根据司机请求，取消前发救援调度命令。

5.3.2　动车组区间被迫停车利用动车组救援方案

1. 故障场景

动车组因车辆故障在区间被迫停车利用动车组进行救援。

2. 处置程序

（1）随车机械师确认因动车组自身故障不能继续运行时通知司机，司机应立即通知列车调度员（车站值班员），报告停车地点、停车原因，并请求救援。车站值班员报告列车调度员。

（2）列车调度员在接到司机（车站值班员）报告后，通知动车台调度共同确定符合要求的动车组担当救援，发布救援调度命令。

（3）已请求救援的动车组，不得再行移动，司机应加强与列车调度员（车站值班员）的联系，了解救援方案，确认救援动车组来车方向，并立即按规定指挥有关人员设置防护。

（4）救援动车组进入封锁区间或担当救援的后续动车组进行顶送救援前，司机应核对调度命令内容，内容不清、停车位置不明确，不得进入封锁区间或区间动车。

（5）在被救援动车组前部进行救援时，救援动车组按隔离模式进入区间，在接近被救援动车组 2 km 时，以在瞭望距离内能够随时停车的速度运行，最高不超过 20 km/h，在距被救援动车组不少于 300 m 处一度停车，与被救援动车组联系确认后按规定进行作业；在被救援动车组尾部进行救援时，开放出站信号，救援动车组按完全监控模式进入区间，或已在区间担当顶送救援的动车组继续按完全监控模式运行，在行车许可终点停车，与被救援动车组联系确认后，按目视行车模式进入前方闭塞分区，以在瞭望距离内能够随时停车的速度运行，最高不超过 20 km/h，在距被救援动车组不少于 300 m 处一度停车（行车许可终点距被救援动车组不足 300 m 时除外），与被救援动车组联系确认后按规定进行作业。

（6）动车组进站停车流程

① 利用热备动车组牵引救援。

a. 救援动车组牵引被救援动车组受站台长度限制，导致被救援动车组无法全部进入站台但满足股道有效长时，列车调度员（车站值班员）可开放进、出站信号，列车调度员通过调监确认被救援动车组尾部过标后及时通知救援动车组司机停车。

救援动车组停车后，司机通过被救援动车组司机通知列车长可手动打开进入站台范围车门，列车长组织客运乘务组确认后，手动打开已进入站台范围车门。

b. 救援动车组牵引被救援动车组受站台长度限制，导致被救援动车组无法全部进入站台时，列车调度员（车站值班员）可提前通知救援动车组司机先行进站对标停车，司机停车后报告列车调度员（车站值班员）。

列车调度员（车站值班员）开放出站信号后，通知救援动车组司机向前移动，可以越过出站信号机，将被救援动车组牵引对标停车。

被救援动车组司机应在列车运行方向前端司机室负责瞭望，配合救援动车组司机站内停车，并与列车长确认车门打开时机。

对标停车时，被救援动车组司机在确认本列对准"动车组停车位置标"后，立即呼叫救援动车组司机停车，救援动车组停车后，司机通知被救援动车组司机可打开车门，被救援动车组司机与列车长确认后，方可打开车门。

由被救援动车组列车长确认旅客下车完毕后，通知本列司机，司机接列车长通知后，通知本列随车机械师和救援动车组司机可以进行解编作业，解编完成后，救援动车组继续运行出站。

c. 救援动车组牵引被救援动车组受站台长度限制，导致被救援动车组无法全部进入站台时，列车调度员（车站值班员）可提前通知救援动车组司机先行进站对标停车，司机停车后报告列车调度员（车站值班员）。

列车调度员（车站值班员）向救援动车组司机布置站内对标、解编以及转线计划。列车调度员确认区间（自动闭塞区间正方向为第一个闭塞分区）空闲后，开放出站信号，并向救援动车组司机发布越出站界调车命令。

救援动车组司机收到调度命令后牵引被救援动车组在站内进行对标停车，被救援动车组司机应在列车运行方向前端司机室负责瞭望，配合救援动车组司机站内停车，并与列车长确认车门打开时机。

对标停车时，被救援动车组司机在确认列车对准"动车组停车位置标"后，立即呼叫救援动车组司机停车。救援动车组停车后，司机通知被救援动车组司机可打开车门，被救援动车组司机与列车长确认后，方可打开车门。

由被救援动车组列车长确认旅客下车完毕后，通知本列司机，司机接列车长通知后，通知本列随车机械师和救援动车组司机可以进行解编作业，解编完成后，救援动车组继续运行越出站界，转线至其他股道对标停车。

② 利用动车组顶送救援。

a. 救援动车组顶送被救援动车组可全部进入站台时，列车调度员（车站值班员）可开放进站信号。

进入股道停车时，被救援动车组对标停车，被救援动车组司机应在列车运行方向前端司机室负责瞭望，配合救援动车组司机站内停车。

对标停车时，被救援动车组司机在确认列车对准"动车组停车位置标"后，立即呼叫救援动车组司机停车，救援动车组停车后，司机通知本列列车长并通过被救援动车组司机通知列车长可打开车门，救援动车组司机与本列列车长及被救援动车组司机确认后，方可打开车门。

b. 救援动车组顶送被救援动车组受站台长度限制，导致整列动车组无法全部进入站台但满足股道有效长时，列车调度员（车站值班员）可开放进、出站信号，列车调度员通过调监确认救援动车组尾部过标后及时通知司机停车。

救援动车组停车后，司机通知本列列车长并通过被救援动车组司机通知列车长可手动打开进入站台范围车门，列车长组织客运乘务组确认后，手动打开已进入站台范围车门。

5.3.3　动车组间相互救援应急处置流程

应急处置流程如图 5.3 和表 5.7 所示。

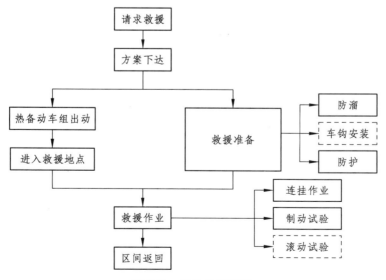

图 5.3　应急处置流程

147

表 5.7　应急处置流程

序号	作业项目	场景分类	作业过程						注意事项
			列车调度员	救援动车组司机	被救援动车组司机	被救援随车机械师	救援车随车机械师	列车客运人员	
1	请求救援		3. 接到动车组故障救援请求后，立即呼停区间内的后续列车，停止向区间放行列车。4. 通知高铁值班副主任，布置车站通知盯岗干部及相关部门。5. 发令封锁区间，设置区间标志（车站控制时，布置车站设置）		2. 根据随车机械师的要求，向列车调度员请求救援	1. 规定时间内无法处理时，报告司机请求救援			动车组故障停车后，区间停车20 min、站内停车30 min时，随车机械师须立即通知司机申请救援
2	方案下达		1. 发布救援命令，动车组出动热备动车组进行救援。2. 将救援动车组出动方案、救援方案通知相关车站，被救援动车组司机、救援动车组司机	3. 热备动车组司机接到命令后立即组织列车乘务组做好出动准备	4. 接到救援方案后通知列车机械师，列从尾部救援时进行换端作业	5. 向司机了解救援方案和救援车型		6. 接司机通知，动车组故障后，按规定报告客服人员。7. 列车长组织乘务人员加强车厢巡视，做好宣传解释工作	1. 遇救援方案不清时，随车机械师主动向司机了解救援方式及来车方向。2. 重联动车组不允许作为救援动车组。3. CRH3C、CRH380B、CRH380BL、CRH380CL、CRH5A型动车组同型之间及相互之间可以实施救援；CRH2A、CRH2C、CRH2B、CRH2E、CRH380A、CRH380AL型动车组同型之间及相互之间可以实施救援

续表

序号	作业项目	场景分类	作业过程						注意事项
			列车调度员	救援动车组司机	被救援动车组司机	被救援随车机械师	救援车随车机械师	列车客运人员	
3	救援出动		1．掌握救援动车组的出动情况，尽快组织到达关系车站	2．热备动车组运行到达车站障碍待令					1．当故障动车组处理后可继续运行时，列车调度员发救援调度命令，取消前发救援调度命令。 2．下车人工防护时，只准在非会车侧以及本线内作业，严禁侵入邻线。 3．司机施加停放或停放制动，在20‰以上坡道停放或停放制动功能异常时，随车机械师需按要求设置铁鞋。
4	救援准备	防溜设置	3．接到随车机械师在非会车侧作业的申请，设置邻线封锁后，口头准许到非会车侧作业		2．接到随车机械师通知后，向列车调度员申请邻线限速。 4．得到准许下车作业，通知随车机械师	1．通过司机向列车调度员申请邻线限速，下车作业。 5．得到准许下车通知列车长，派人防护车门。 7．根据现场坡度，按规定设置铁鞋防溜		6．得到准许后，列车长指派机械师下车，协助机械师下车，并做好车门着守	随车机械师下车时，需在司机账上签认

续表

序号	作业项目	场景分类	作业过程						注意事项
			列车调度员	救援动车组司机	被救援动车组司机	被救援随车机械师	救援随车机械师	列车客运人员	
4	救援准备	车内整备				进行车内空开整备，视救援来车时间进行车内用电负载切除			蓄电池电压低于87 V时通知司机拔出主控
		防护					救援准备工作完毕后，随车机械师到来车方向距离动车组300 m处进行防护		
5	进入救援地点	前部救援	1. 运行至关系区间前车站。2. 确认进路准备妥当和停车里程正确。3. 发令准许动车组从前端进入封锁区间进行救援的调度命令	4. 根据运行的调度命令将隔离设备按隔离，将LKJ模式命令至至"隔离"开关位；按调度命令进入封锁区间，运行速度不超过40 km/h。5. 在防护人员处停车					不同型号动车组连挂时需强制打开头罩，并安装渡车钩，可以比照内燃机车救援流程办理

150

续表

序号	作业项目	场景分类	作业过程						注意事项
			列车调度员	救援动车组司机	被救援动车组司机	被救援随车机械师	救援随车机械师	列车客运人员	
5	进入救援地点	尾部救援	2. 确认好尾部救援站信号、担当救援的动车组按完全监控模式进入区间，在行车许可终点停车。3. 开放出站信号，车站开放出站信号（不作为行车凭证），由车站控制时，按完全监控模式进入站区间。4. 发布动车组从后部进入封锁区间进行救援的调度命令	1. 运行至关系区间前车站。5. 得到进入封锁区间的调度命令后，确认开放出站信号，担当救援的动车组按完全监控模式进入区间，在行车许可终点停车。6. 与被救援列车联系确认后，按目视行车前方闭塞分区，以在瞭望距离内能够随时停车的速度运行，最高不超过 20 km/h，运行至防护人员处停车					

续表

序号	作业项目	场景分类	作业过程						注意事项
			列车调度员	救援动车组司机	被救援动车组司机	被救援随车机械师	救援车随车机械师	列车客运人员	
6	救援作业	连挂作业		2. 在距被救援动车组前一动车组10 m前一度停车，打开头罩。 8. 与被救援动车组司机、随车机械师后进行连挂	4. 根据随车机械师的通知打开头罩。 11. 与救援动车组连挂完毕后退出司机室占用	3. 通知救援动车组打开头罩。 6. 检查确认车钩状态。 7. 指挥救援动车组司机进行连挂。 10. 确认连挂状态、确认传输良好	1. 动车组停妥后，通知救援动车组司机打开头罩。 5. 检查确认车钩状态。 9. 确认连挂状态、确认传输良好		
		换端作业		2. 连挂后换端作业，根据指挥端随车机械师进行试拉。 3. 确认前后组电弓位置（受电弓位置不一致时进行换弓操作）		1. 指挥救援动车组司机进行试拉			
		制动试验		1. 进行制动机试验	2. 监控制动信息	3. 制动试验完毕，撤除防溜措施			

续表

序号	作业项目	场景分类	作业过程						注意事项
			列车调度员	救援动车组司机	被救援动车组司机	被救援随车机械师	救援车随车机械师	列车客运人员	
6	救援作业	滚动试验	5. 得到现场作业完毕、人员已上车的报告，取消邻线限速及列控设置。6. 办理修改返回车次号操作并下发返回计划。7. 及时开放引导信号或进站信号组织列车返回车站。	2. 进行滚动试验		1. 通知被救援动车组司机进行滚动试验			被救援动车组未进行停放制动或空气制动切除操作时，无此项除作业
7	区间返回		11. 根据救援完毕开车的报告（从尾部救援返回后方站时，待列车空闲到达车站，区间空闲后），发令开通封锁区间	3. 确认人员上车，汇报列车调度员开车。8. 按照行车限制条件作业动车	2. 确认人员上车，通知救援动车组司机开车	4. 向救援动车组司机提出限速要求。9. 监控动车组运行状态	10. 监控动车组运行状态	1. 列车长确认随车机械师、乘警或安全员及相关安全器具上车后，锁闭车门，通知随车机械师确认，并报告司机	同平台动车组相互救援时，被救援动车组无空气制动切除时，限速120 km/h；被救援动车组有空气制动切除时，限速60 km/h

5.3.4　动车组间相互救援的具体操作要求及注意事项

1. 救援方式要求

（1）重联动车组不允许作为救援动车组。

（2）CRH2 系列动车组被其他动车组救援时，须切除空气制动和停放制动；救援其他系列动车组时，被救援动车组须切除空气制动和停放制动。

（3）CRH1B/1E 型动车组救援各系列动车组时，被救援动车组须切除空气制动和停放制动。

（4）CRH1 系列短编组可以救援各系列动车组。

（5）CRH380D 短编组不能救援 CRH2 系列长编组。

（6）CRH1 系列长编组不能救援 CRH2 系列、CRH3 及 CRH5 系列长编组。

（7）CRH2 系列短编组仅能救援各系列短编组及制动状态正常的同系列长编组。

（8）CRH2 系列长编组仅能救援制动状态正常的同系列动车组。

（9）CRH3 系列长编组不能救援 CRH1 系列、CRH2 系列长编组。

（10）CRH3 及 CRH5 系列短编组可以救援各系列动车组，CRH3 及 CRH5 系列短编组相互救援、救援 CRH1 系列短编组和 CRH380D 短编组时，可使用备用制动。

2. 动车组间救援作业办法

1）动车组救援作业分工

（1）随车机械师：负责过渡车钩和专用风管的拆装，电气连接线的连接与摘解，动车组截断塞门操作，车门开关，连挂状态确认，开闭机构手动操作，连挂、解编作业中其他开关操作，运行途中动车组状态监控等。

（2）动车组司机：负责连挂端激活（退出）、司机室占用，操作受电弓、主断路器、司机警惕装置、车载列控设备，自动开启头罩，牵引制动试验。运行中监控总风压力、蓄电池电压及列车运行状态，配合随车机械师安装与拆卸车钩和专用风管。

2）连挂前的准备工作

（1）被救援动车组。

① CRH1 系列短编组、长编组及 CRH380D 短编组。

a. 施加停放制动；确认救援连挂端司机室处于激活状态；打开救援连挂端前端开闭机构（CRH1B/1E 型动车组在车下手动操作）；断开主断路器，降下受电弓；将 DSD 及 ATP/LKJ 隔离开关置"隔离"位；退出司机室占用。

b. CRH1A 型重联动车组须在激活前将前车重联端司机室内的 144802 号线断开。

c. 确认动车组所有受电弓均处于降弓状态，救援连挂端开闭机构处于全开锁状态、密接车钩处于伸出状态，列车管（BP）截断塞门、电气钩头截断塞门在关闭位置。

d. 安装过渡车钩（前端车钩采用 15 号钩头的不需要此操作），确认安装状态良好。

e. 需切除空气制动和停放制动，或总风管压力低于 530 kPa 时，还须做好防溜。

② CRH2 系列长编组、短编组（不含 CRH2A 统型、CRH380A 统型动车组）。

a. 动车组做好防溜，闭合救援连挂端司机室配电盘内"联解控制"和"联解限位开关"断路器，打开救援连挂端开闭机构。制动手柄移置"B7"位，保持动车组制动状态，闭合（救援转换装置）断路器，分别将两端司机室总配电盘内"救援转换集控隔离开关"合上（重联动车组 4 个司机室总配电盘内"救援转换集控隔离开关"都合上）。确认救援连挂端头罩打开后，断开（联解控制）断路器；断开主断路器，降下受电弓；拔取主控，隔离救援连挂端 ATP/LKJ。准备工作完毕。

b. 目视确认动车组所有受电弓均处于降下状态；确认救援连挂端开闭机构打开，检查密接式车钩、电气车钩状态良好。

c. 安装过渡车钩，确认状态良好。

③ CRH2A 统型、CRH380A 统型动车组。

a. 施加停放制动；闭合救援连挂端司机室配电盘内（联解控制）和（联解限位开关）断路器，打开救援连挂端开闭机构。确认救援连挂端头罩打开后，断开（联解控制）断路器，将救援连挂端"警惕报警隔离"开关右旋至隔离位；闭合（救援转换装置）断路器，分别将两端司机室总配电盘内"救援转换集控隔离开关"合上（动车组重联回送时 4 个司机室总配电盘内"救援转换隔离开关"都合上），断开主断路器，降下受电弓；拔取主控，隔离救援连挂端 ATP/LKJ。准备工作完毕。

b. 目视确认动车组所有受电弓均处于降下状态；确认救援连挂端开闭机构打开，检查密接式车钩、电气车钩状态良好，确认电钩处于缩回位置。

c. 安装过渡车钩，确认状态良好。

d. 需切除空气制动和停放制动，或总风管压力低于 530 kPa 时，还须做好防溜措施。

④ CRH3 系列短编组、长编组。

a. 施加停放制动；确认救援连挂端司机室处于"占用"状态；打开救援连挂端开闭机构，自动伸出密接式车钩（CRH380BL 手动打开救援连挂端开闭机构，伸出密接式车钩）；断开主断路器，降下受电弓；退出司机室占用，拔下占用钥匙；关断"蓄电池"开关；将"拖曳"开关置于"开"位。

b. 非救援连挂端"信号灯"开关置于"红灯开"位；确认动车组所有受电弓均处于降弓状态；确认救援连挂端开闭机构处于全开锁闭状态、密接车钩处于伸出状态、列车管（BP）截断塞门 Z13 和总风管截断塞门 Z17 处于关闭位（与管路垂直）。

c. 打开 Z30 阀（与管路平行），关闭车钩顶部红色球阀（与管路垂直，除 CRH380BL 型动车组）。

d. 安装过渡车钩，确认安装状态良好。

e. CRH380CL 动车组除上述操作外，需隔离 ASD 及 ATP；将头尾车电气柜内的 43F09 断路器断开；插入并打开主控钥匙，通过 BN2 蓄电池开关 32S03 启动蓄电池 8N2 供电，并拔出钥匙；断开各车各电气柜内 21FXX、22FXX、23FXX、24FXX、31FXX、34FXX、36FXX、42FXX、45FXX、52FXX 断路器。

f. 需切除空气制动和停放制动，或总风管压力低于 530 kPa 时，还须做好防溜措施。

⑤ CRH5 系列短编组、长编组。

a. 施加停放制动；救援连挂端司机室处于激活状态（主控钥匙在"激活"位）；打开救援连挂端开闭机构；断开主断路器，降下受电弓；将 ATP 的紧急制动选择开关和警惕装置开关分别置于隔离位，断开激活司机室 QEL 电气柜内的 30Q12 空开。

b. 确认动车组受电弓处于降弓状态、救援连挂端头车开闭机构打开，检查密接式车钩、电气车钩状态良好；打开 Z30 阀（与管路平行）。

c. 确认列车管（BP）截断塞门 Z06 和总风管截断塞门 Z05 处于关闭位（与管路垂直）。

d. 安装过渡车钩，确认安装状态良好。

e. 需切除空气制动和停放制动，或总风管压力低于 530 kPa 时，还须做好防溜措施。

（2）救援动车组。

救援动车组应停在距离被救援动车组约 5 m 的位置。

① CRH1 系列短编组、长编组及 CRH380D 短编组。

a. 在救援连挂端施加停放制动；打开开闭机构，并确认开闭机构处于全开锁闭状态（对于 CRH1 型动车组，应确认自动车钩伸出；对于 CRH1B 型动车组，应手动操作伸出车钩）；CRH1A 型动车组救援前端车钩采用 15 号钩头的 CRH1B/E 动车组时，CRH1A 型动车组须先退出司机室占用，重新激活前将救援连挂端司机室内的 144802 号线断开。

b. 隔离动车组救援连挂端电气车钩气路阀门，确认救援连挂端列车管（BP）截断塞门处于关闭位（手柄与管路垂直），准备工作完毕。

② CRH2 系列长编组、短编组。

a. 打开救援连挂端开闭机构，断开司机室配电盘内"联解控制"和"联解限位开关"断路器。

b. 确认开闭机构处于打开状态，检查确认救援连挂端密接式车钩、电气车钩状态良好且位置正确。准备工作完毕。

③ CRH3 系列短编组、长编组。

（1）在救援连挂端施加停放制动，打开开闭机构，伸出车钩。

（2）确认救援连挂端开闭机构打开并锁闭，断开救援连挂端电气车钩气路阀门，确认列车管（BP）截断塞门 Z13 和总风管截断塞门 Z17 处于关闭位（与管路垂直）。准备工作完毕。

④ CRH5 系列长编组、短编组。

a. 在救援连挂端施加停放制动，打开开闭机构。

b. 确认开闭机构处于全开锁闭状态，断开救援连挂端电气车钩气路阀门，确认列车管（BP）截断塞门 Z06 和总风管截断塞门 Z05 处于关闭位（与管路垂直）。准备工作完毕。

3）连挂作业办法

（1）CRH1 系列及 CRH380D 短编组相互救援（不含 CRH1B/1E 担当救援动车组）。

① 救援动车组以不大于 5 km/h 的速度连挂，连挂后试拉，确认车钩连接良好。对于 CRH1A 型动车组救援前端车钩采用 15 号钩头的 CRH1B/E 动车组，连挂后，恢复救援连挂端司机室操纵台右下方端子排 C.A1.2.2.X1 的 144802 号线。

② 救援动车组施加停放制动，随车机械师确认救援连挂端列车管（BP）截断塞门（CRH1A-200、CRH1B/1E 型动车组为 Y32，CRH1A-250 动车组为 B28，CRH380D 短编组为 Z13）均处于接通位。当 CRH1A、CRH380D 短编组救援 CRH1B/1E 型动车组时，需先连接两列动车组救援连挂端列车管（BP）后，再确认救援连挂端列车管（BP）截断塞门处于接通状态。

③ 将救援动车组救援连挂端救援开关置"救援"位（CRH1B/1E 型动车组不能设置"救援"位），缓解常用制动；将被救援动车组救援连挂端救援开关置于"被救援"位。

④ 确认两列动车组常用制动处于缓解状态，准备进行制动试验。

（2）CRH2 系列长编组、短编组相互救援。

① 救援动车组以不大于 5 km/h 的速度连挂（CRH2A/2C/2J、CRH380A、CRH380AJ 型动车组相互救援时，仅能 00、01 车连挂），连挂后试拉，确认车钩连接良好。

② 做好防溜，断开救援动车组 VCB，降弓并将制动手柄置"拔取"位，拔出主控钥匙。

③ 将两列动车组救援连挂端的 32 芯救援连接器和 7 芯救援连接器进行连接，并确认连接状态良好（将连接线进行捆绑固定，但不能影响运行时转弯等的余量）。

④ 分别将两列动车组救援连挂端的救援开关（HELPS）置"救援"位。确认救援连挂端司机室内的连接切换器均处于"分割"位，将两列动车组救援连挂端的总风管导通（短编组及重联动车组通过手动打开空气管开闭器完成，长编组通过打开司机左台检修门内的"总风缸"和"MR 贯通"截断塞门完成）。

⑤ 插入主控钥匙，重新上电，复位紧急制动，升受电弓、闭合主断路器，将制动手柄置"运行"位。

⑥ 确认两列动车组常用制动均处于缓解状态，准备进行制动试验。

（3）CRH3 及 CRH5 系列长编组、短编组相互救援。

① 动车组以不大于 5 km/h 的速度连挂，连挂后试拉，确认车钩连接良好。

② 检查两列动车组救援连挂端总风管截断塞门 Z17 和列车管截断塞门 Z13（CRH3 系列动车组）、Z05 和 Z06（CRH5 系列动车组）均处于接通位。

③ 救援动车组施加停放制动，激活救援动车组主控端备用制动（仅限于 CRH3 及 CRH5 系列短编组相互救援），缓解常用制动。

④ 确认两列动车组常用制动均处于缓解状态，准备进行制动试验。

（4）CRH1 系列短编组救援 CRH2 系列短编组、长编组。

① 救援动车组以不大于 5 km/h 的速度连挂，连挂后试拉，确认车钩连接良好。

② 救援动车组施加停放制动；连接两列动车组救援连挂端列车管，检查确认两列动车组救援连挂端列车管截断塞门处于接通位（CRH1A-200 动车组为 Y32，CRH1A-250 动车组为 B28，CRH2 系列动车组为 BP 管折角塞门）；将救援动车组救援连挂端救援开关置"救援"位，被救援动车组随车机械师打开"救援旁通断"截断塞门为动车组快速充风，当动车组总风压力达到 600 kPa 后，隔离"救援旁通断"截断塞门，打开"救援断"截断塞门。

③ 确认两列动车组常用制动均处于缓解位，准备进行制动试验。

（5）CRH380D 短编组救援 CRH2 系列短编组。

① 救援动车组以不大于 5 km/h 的速度连挂，连挂后试拉，确认车钩连接良好。

② 救援动车组施加停放制动；连接两列动车组救援连挂端列车管，检查确认两列动车组救援连挂端列车管截断塞门处于接通位（CRH380D 短编组为 Z13，CRH2 系列短编组为 BP 管折角塞门）；将救援动车组救援连挂端救援开关置"救援"位，被救援动车组随车机械师打开"救援旁通断"截断塞门为动车组快速充风，当动车组总风压力达到 600 kPa 后，隔离"救援旁通断"截断塞门，打开"救援断"截断塞门。

③ 缓解救援动车组常用制动，确认救援动车组常用制动处于缓解状态、停放制动处于施加状态，被救援动车组常用制动和停放制动（CRH2A 统型、CRH380A 统型）均处于缓解状

态，准备进行制动试验。

（6）CRH1 系列短编组、CRH380D 短编组救援 CRH3 及 CRH5 系列长编组、短编组。

① 救援动车组以不大于 5 km/h 的速度连挂，连挂后试拉，确认车钩连接良好。

② 救援动车组施加停放制动；连接两列动车组救援连挂端列车管，检查确认两列动车组救援连挂端列车管截断塞门处于接通位（CRH1A-200 动车组为 Y32，CRH1A-250 动车组为 B28，CRH380D 短编组为 Z13，CRH3 系列动车组为 Z13，CRH5 系列动车组为 Z06）；检查确认 CRH3 及 CRH5 系列动车组截断塞门 Z30 处于接通位。

③ 将救援动车组救援连挂端救援开关置"救援"位。

④ 缓解常用制动，确认两列动车组均处于缓解位，准备进行制动试验。

（7）CRH1B/1E 动车组救援 CRH1 系列、CRH2 系列、CRH3 系列、CRH5 系列短编组，CRH380D 短编组，CRH1 系列长编组。

① 救援动车组以不大于 5 km/h 的速度连挂，连挂后试拉，确认车钩连接良好。

② 救援动车组施加停放制动，主控手柄置于 0 位，确认两列动车组常用制动均处于缓解位，准备进行制动试验。

（8）CRH2 系列短编组救援 CRH1 系列短编组、CRH380D 短编组、CRH3 及 CRH5 系列短编组。

① 救援动车组以不大于 5 km/h 的速度连挂，连挂后试拉，确认车钩连接良好。

② 检查确认两列动车组救援连挂端列车管截断塞门均处于关断位；在救援动车组主控端，插入主控钥匙，制动手柄置"快速位"，复位紧急制动。确认救援动车组处于常用制动施加、被救援动车组常用制动处于缓解状态，做好防溜措施，准备进行制动试验。

（9）CRH3 及 CRH5 系列短编组救援 CRH1 系列短编组、长编组及 CRH380D 短编组。

① 救援动车组以不大于 5 km/h 的速度连挂，连挂后试拉，确认车钩连接良好。

② 救援动车组施加停放制动；连接两列动车组救援连挂端列车管，检查确认两列动车组救援连挂端列车管截断塞门处于接通位（CRH1A-200、CRH1B/1E 动车组为 Y32，CRH1A-250 动车组为 B28，CRH380D 短编组为 Z13，CRH3 系列动车组为 Z13，CRH5 系列动车组为 Z06）。

③ 将被救援动车组救援连挂端救援开关置"被救援"位。

④ 救援动车组施加停放制动，激活救援动车组主控端备用制动（仅限于 CRH3 及 CRH5 系列短编组救援 CRH1 系列短编组、CRH380D 短编组），缓解常用制动。

⑤ 确认两列动车组常用制动均处于缓解状态，准备进行制动试验。

（10）CRH3 及 CRH5 系列短编组救援 CRH2 系列短编组、长编组。

① 救援动车组以不大于 5 km/h 的速度连挂，连挂后试拉，确认车钩连接良好。

② 救援动车组施加停放制动；连接两列动车组救援连挂端列车管，检查确认两列动车组救援连挂端列车管截断塞门处于接通位（CRH3 系列动车组为 Z13，CRH5 系列动车组为 Z06，CRH2 系列动车组为"BP"折角塞门）；打开被救援动车组救援连挂端"救援旁通断"截断塞门快速为被救援动车组充风，当被救援动车组总风压力达到 600 kPa 后，关闭"救援旁通断"截断塞门，打开"救援断"截断塞门。

③ 救援动车组在主控端司机室将制动手柄置于"缓解"位，确认两列动车组常用制动均处于缓解状态，准备进行制动试验。

（11）CRH3 系列长编组救援 CRH1 系列短编组及 CRH380D 短编组。

① 救援动车组以不大于 5 km/h 的速度连挂，连挂后试拉，确认车钩连接良好。

② 救援动车组施加停放制动；随车机械师连接两列动车组救援连挂端列车管，检查确认两列动车组救援连挂端列车管截断塞门处于接通位（CRH1A-200 动车组为 Y32，CRH1A-250 动车组为 B28，CRH380D 短编组为 Z13，CRH3 系列动车组为 Z13）。

③ 将被救援动车组救援连挂端救援开关置"被救援"位。

④ 救援动车组在主控端将制动手柄置于"缓解"位，确认两列动车组常用制动均处于缓解状态，准备进行制动试验。

（12）CRH3 系列长编组救援 CRH2 系列短编组。

① 救援动车组以不大于 5 km/h 的速度连挂，连挂后试拉，确认车钩连接良好。

② 救援动车组施加停放制动；连接两列动车组救援连挂端列车管，检查确认两列动车组救援连挂端列车管截断塞门处于接通位（CRH3 系列动车组为 Z13，CRH2 系列动车组为"BP"折角塞门）；打开被救援动车组救援连挂端"救援旁通断"截断塞门快速为被救援动车组充风，当被救援动车组总风压力达到 600 kPa 后，关闭"救援旁通断"截断塞门，打开"救援断"截断塞门。

③ 救援动车组在主控端司机室将制动手柄置于"缓解"位，确认两列动车组常用制动均处于缓解状态，准备进行制动试验。

4）制动试验程序

制动试验步骤如下：

（1）救援动车组施加紧急制动，使列车管压力从 600 kPa 减至 500 kPa 以下，确认两列动车组制动已施加。

（2）救援动车组缓解紧急制动，使列车管压力升至 600 kPa，确认两列动车组处于缓解状态。

5）救援过程

（1）开车前，须确认防溜装置已全部撤除。

（2）救援过程中避免制动与牵引之间快速切换，做到平稳操纵，应尽量避免实施最大常用制动及紧急制动。在意外施加上述制动后，应立即下车检查确认救援连挂端及相邻两个连挂端面状态。

（3）救援过程中，需在被救援动车组连挂端司机室密切监视蓄电池电压和总风压力，确认其在要求范围内，其中各型动车组总风压力应在 530 kPa 以上，若低于 530 kPa，需停车检查，待风压恢复正常后行车，必要时切除停放制动或空气制动。蓄电池电压限值如下：CRH1 系列长编组、短编组及 CRH380D 短编组蓄电池电压应在 97 V 以上；CRH2 系列长编组、短编组蓄电池电压应在 84 V 以上；CRH3 系列长编组、短编组蓄电池电压应在 96 V 以上；CRH5 系列长编组、短编组蓄电池电压应在 20 V 以上。若低于上述蓄电池电压，需停车充电，若不具备充电条件，切除停放制动或空气制动。

（4）操作救援动车组停车，被救援动车组做好防溜，进行解编作业，并将救援动车组恢复正常状态。

6）动车组统型过渡车钩使用说明

前端车钩采用 15 号钩头的 CRH1B、CRH1E 型动车组与其他动车组相互救援时，前端车钩需置于全开位，随车机械师须将其他动车组统型过渡车钩安装在其救援连挂端的自动车钩上，再与 CRH1B、CRH1E 统型动车组进行连挂。

其他动车组使用统型过渡车钩相互救援时，动车组司机配合随车机械师，先将被救援车过渡钩模块手动安装在救援连挂端的自动车钩上，待救援车到达后，将救援车过渡车钩模块与被救援车过渡钩模块连接，司机操作救援动车组与被救援动车组进行连挂。

5.4 动车组救援典型案例

通过以下动车组救援案例，使大家对动车组请求救援、担当救援的作业实际流程、对动车组救援的流程和预案的选择有更清晰的了解。

2018 年某日，在××动车所内进行 CRH6A 型动车组同型动车组救援应急演练，使用一列 CRH6A 型动车组作为被救援动车组（8 车为连挂端），使用另一列 CRH6A 型动车组作为救援动车组（1 车为连挂端），进行救援应急演练。

1. CRH6A 型动车组同型动车组救援操作情况

由于城际动车组未设计电气连接器，所以同型动车组救援无法按照动车组重联进行，并且城际动车组将其他四方平台动车组所配备的 BP 救援装置和救援转换装置进行了简化融合，优化为 BP 救援指令器配备与两头车司机室。基于以上差异，CRH6A 型动车组同型动车组救援的操作流程与四方平台其他动车组有所不同，具体流程如下：

1）被救援动车组整备

被救援动车组连挂前的准备工作：

（1）动车组司机：① 司机 A 操作第 1 编组动车组停车；② 头罩打开到位并锁定；③ 断开 VCB，降受电弓，拔取主控；④ 将 ATP、LKJ 打到隔离位。

（2）动车组随车机械师：① 观察头罩打开并锁闭（保持 1 min），检查确认车钩状态良好且位置正常，目视确认动车组所有受电弓处于降弓状态。

2）救援动车组整备工作

（1）动车组司机：① 司机 C 操作第 2 编组动车组进入连挂线路，距离第 1 编组 10 m 左右时停车；② 司机 C 在第 2 编组动车组 1 号车打开并锁闭头罩。

（2）动车组随车机械师：① 随车机师 B 下车，确认头罩盖在打开状态；② 具备连挂条件后，向第 2 列编组司机 C 传达连挂信号。

3）动车组连挂

（1）司机 C 应将救援动车组停在距离被救援动车组 3 m 以外的位置，以不超过 5 km/h 的速度操纵动车组连接密接式车钩，连挂后试拉。

（2）随车机师 B 地面确认车钩连挂到位。

（3）司机 A 和 C 分别打开连挂端司机室边柜内总风 MR 贯通截断塞门。

（4）司机 C 断 VCB，降弓并将制动手柄置"拔取"位，拔出主控钥匙。

（5）确认车辆处于无电状态后，随车机师 B 先后连接 32 芯救援连接器和 7 芯救援连接器，并确认连接状态良好（将连接线进行捆绑固定，但不能影响运行时转弯等的余量）；工作完成后，传达信息给司机 A 和司机 C，之后返回第 1 编组动车组。

（6）司机 A 和司机 C 接到信息后分别将第 1 编组 8 号车和第 2 编组 1 号车的救援开关（HELPS）置"救援"位；分别将第 1 编组 8 号车和第 2 编组 1 号车的保持制动切除旋钮打到切除位。连挂后两列动车组需进行断路器和旋钮开关的整备。

（7）随车机师 B 确认连挂状态正常后，返回第 1 列编组动车组。

（8）司机 C 进入第 2 编组 8 号车司机室，插入主控钥匙。

（9）司机 C 在第 2 编组 8 号车司机室重新上电，复位紧急制动，重新升受电弓、闭合 VCB。

4）制动试验

（1）司机 C 操作制动手柄从"快速"位逐级递减到"B1"位，司机 A 和司机 C 分别通过监控屏制动信息画面确认动车组的制动状态。当制动手柄移至"快速"位置，确认 BC 压力大于 180 kPa。

（2）随车机械师 B 通过车下制动闸片的抱紧情况确认两列车制动良好后通知动车组司机。

（3）司机 C 将制动手柄置于"运行"位，司机 A 和司机 C 分别通过监控屏制动信息画面确定动车组的缓解状态。

（4）随车机械师 B 通过车下制动闸片的抱紧情况确认两列车缓解良好；通知动车组司机制动试验完毕。

2. 救援作业中应急处置

整备及连挂完成后，在救援车的 8 车投入主控进行制动试验时，救援车状态正常，被救援车全列施加 B4 级制动无法缓解，检查后确认为保持制动施加。然后在被救援车的 8 车投入主控重新进行保持制动缓解操作时，被救援车全列紧急制动无法缓解；救援车全列施加 B7 级制动压力，且制动手柄 B7 级以下不显示制动级位。

3. 故障原理分析

（1）被救援动车组保持制动无法切除原理。

由于 CRH6A 型动车组未配备电气连接器，在救援时所有电气指令均通过 32 芯救援连接器和 7 芯救援连接器进行传输。而在头罩内部的 32 芯救援连接器和 7 芯救援连接器接头内并未设置保持制动切除指令线 158C 线的接头，导致两编组间 158C 线无法连通，且切除保持制动需要主控信号，在保持制动切除指令线 158C 无法连通的情况下，被救援动车组无法检测到来自救援动车组的主控信号，故在连挂时进行的保持制动切除操作无法生效，致使被救援动车组保持制动无法缓解。

（2）被救援动车组紧急制动无法缓解。

由于在连挂时将被救援动车组连挂端的救援开关（HELPS）置"救援"位，使全列紧急制动环路断开，故被救援动车组紧急制动无法缓解。

（3）救援动车组施加 B7 级制动且不显示级位。

由于被救援动车组投入主控，网络传输检测到主控信号冲突，故施加最大级位常用制动，且只显示 B7 级级位。

4. 救援方案改善建议

（1）由于车型不同，32 芯救援连接器和 7 芯救援连接器接头内预留接线无法与其他动车组通用，需根据车型重新设置线号，在接头内加入保持制动切除指令线 158C 线，以便实施救援操作。

（2）制定救援方案时，应明确被救援动车组主控状态，以防误投入主控，造成次生故障。

（3）由于 CRH6A 型动车组不具备重联运行功能，故 MON 监控屏无法同时监控两动车组状态，需前后编组做好实施联控，出现问题及时反馈。

复习思考题

1. 动车组救援的方式有哪几种？

2. 什么情况下需要申请动车组救援？

3. CRH2 系列动车组在救援与被救援时有哪些限制条件？

4. 各型动车组在被救援时是否有限速要求？请分别简述机车救援、动车组救援的限速要求。

第6章 安全管理相关制度体系

在社会主义市场经济形势下，铁路要实现安全生产、优质服务，提高社会效益和经济效益，必须有一整套法律和规章制度。安全生产法律和规章制度一般可分为国家法律、行政规章和操作规程三大类。下面着重介绍与铁路运输安全生产有关的法规、规程和管理制度。中华人民共和国成立以来，特别是改革开放以来，我国铁路运输事业取得了巨大发展，铁路运输管理正在走向法制化、规范化的管理轨道。这期间，国家先后制定了大量管理铁路运输的法律规范，这些法律法规和行政规章的颁布实施，对保障铁路运输安全、强化运输生产管理和维护运输生产秩序起到了积极的作用。我国现行的铁路运输法规体系的基本框架是：以宪法为基础、铁路运输法律为龙头、铁路运输行政法规为骨干、铁路运输行政规章为补充的纵横相结合的系统。

6.1 国家层面安全制度

为了保障铁路运输和铁路建设的顺利进行，我国制定了《铁路法》，为了加强铁路运输安全管理，保障铁路畅通，保护人身安全、财产安全及其他合法权益，国务院颁布了《铁路运输安全保护条例》和《铁路交通事故应急救援和调查处理条例》。

6.1.1 铁路运输安全相关法律

1.《铁路法》

《铁路法》是我国管理铁路的第一部大法，是进行铁路运输和建设的基本法律，铁路运输的一切法律、规章都应以它为基础，且其内容不得与之相违背。《铁路法》中有约 30 条的篇幅专门规定了有关"铁路安全与保护"方面的法律问题，具体如下：

（1）铁路运输设施的安全保障。

（2）铁路公安和地方公安的职责划分。

（3）铁路的电力供应。

（4）铁路线路两侧山坡土地的水土整治。

（5）铁路路基的防护和妨碍行车瞭望因素的排除。

（6）道口防护和通行，维护铁路运输安全和站车秩序的各项行政措施。

（7）铁路客货运输的卫生检疫、铁路行车事故的处理及重要桥隧的守护等。

《铁路法》针对危害铁路运输安全的违法行为，规定了相应的行政责任、刑事责任和民事责任。铁路运输部门凡属违反安全运输原则，造成人身伤亡或货物损失的，均须追究法律责任。《铁路法》的贯彻实施，对安全生产起到了积极的作用。在社会主义市场经济的新形势下必须使用法律法规来管理和规范企业的安全生产。因此，大力推进安全生产法制建设，完善安全生产法律、法规体系势在必行。

2.《中华人民共和国刑法》

《中华人民共和国刑法》（以下简称《刑法》）中与运输安全管理、行车事故处理和法律责任相关的部分条文如下：

（1）破坏交通工具罪：破坏火车、汽车、电车、船只、航空器，足以使火车、汽车、电车、船只、航空器发生倾覆、毁坏危险，尚未造成严重后果的，处三年以上十年以下有期徒刑。

（2）破坏交通设施罪：破坏轨道、桥梁、隧道、公路、机场、航道、灯塔、标志或者进行其他破坏活动，足以使火车、汽车、电车、船只、航空器发生倾覆、毁坏危险，尚未造成严重后果的，处三年以上十年以下有期徒刑。

（3）破坏交通工具罪、破坏交通设施罪、破坏电力设备罪、破坏易燃易爆设备罪：破坏交通工具、交通设施、电力设备、燃气设备、易燃易爆设备，造成严重后果的，处十年以上有期徒刑、无期徒刑或者死刑。过失犯前款罪的，处三年以上七年以下有期徒刑；情节较轻的，处三年以下有期徒刑或者拘役。

（4）铁路运营安全事故罪：铁路职工违反规章制度，致使发生铁路运营安全事故，造成严重后果的，处三年以下有期徒刑或者拘役；造成特别严重后果的，处三年以上七年以下有期徒刑。

（5）交通肇事罪和危险驾驶罪：违反交通运输管理法规，因而发生重大事故，致人重伤、死亡或者使公私财产遭受重大损失的，处三年以下有期徒刑或者拘役；交通运输肇事后逃逸或者有其他特别恶劣情节的，处三年以上七年以下有期徒刑；因逃逸致人死亡的，处七年以上有期徒刑。

3.《安全生产法》

2002 年 6 月 29 日第九届全国人民代表大会常务委员会第二十八次会议通过，2009 年 8 月 27 日第十一届全国人民代表大会常务委员会第十次会议《关于修改部分法律的决定》第一次修正，2014 年 8 月 31 日第十二届全国人民代表大会常务委员会第十次会议《关于修改〈中华人民共和国安全生产法〉的决定》第二次修正，2021 年 6 月 10 日第十三届全国人民代表大会常务委员会第二十九次会议《关于修改〈中华人民共和国安全生产法〉的决定》第三次修正。典型内容在前面章节中已经列出，在此不再展开。

6.1.2 交通行政部门发布实施的行政法规与规章

按照国家《宪法》的规定，国务院有权根据有关交通运输法律和行政管理的需要，制定各类交通运输方面的行政法规，以保证交通运输行政管理活动能够顺利进行。这方面的法规在交通运输法规体系中占有很重要的位置。保障铁路运输安全的法规主要有以下几种：

1.《生产安全事故报告与调查处理条例》

《生产安全事故报告与调查处理条例》是经 2007 年 3 月 28 日国务院第 172 次常务会议通过，2007 年 4 月 9 日公布，自 2007 年 6 月 1 日起施行的，共分 6 章 46 条。

（1）总则。总则指出该条例的制定是为了规范生产安全事故的报告和调查处理，落实生产安全事故责任追究制度，防止和减少生产安全事故，根据《安全生产法》和有关法律而制定本条例。该条例根据生产安全事故造成的人员伤亡或者直接经济损失，把生产安全事故划分为特别重大事故、重大事故、较大事故和一般事故四类。

（2）事故报告。本条例指出：事故发生后，事故现场有关人员应当立即向本单位负责人报告；单位负责人接到报告后，应当于 1 h 内向事故发生地县级以上人民政府安全生产监督管理部门和负有安全生产监督管理职责的有关部门报告。对特别重大、重大事故要逐级上报至国务院安全生产监督管理部门和负有安全生产监督管理职责的有关部门；较大事故逐级上报至省、自治区、直辖市人民政府安全生产监督管理部门和负有安全生产监督管理职责的有关部门；一般事故上报至设区的市级人民政府安全生产监督管理部门和负有安全生产监督管理职责的有关部门。

（3）事故调查。特别重大事故由国务院或者国务院授权有关部门组织事故调查组进行调查。重大事故、较大事故、一般事故分别由事故发生地省级人民政府、设区的市级人民政府、县级人民政府负责调查。省级人民政府、设区的市级人民政府、县级人民政府可以直接组织事故调查组进行调查，也可以授权或者委托有关部门组织事故调查组进行调查。对未造成人员伤亡的一般事故，县级人民政府也可以委托事故发生单位组织事故调查组进行调查。

（4）事故处理。对于重大事故、较大事故、一般事故，负责事故调查地人民政府应当自收到事故调查报告之日起 15 天内做出批复。特别重大事故，30 天内做出批复，在特殊情况下，批复时间可以适当延长，但延长的时间最长不超过 30 天。有关机关应当按照人民政府的批复，依照法律、行政法规规定的权限和程序，对事故发生单位和有关人员进行行政处罚，对负有事故责任的国家工作人员进行处分。事故发生单位应当按照负责事故调查地人民政府的批复，对本单位负有事故责任的人员进行处理。负有事故责任的人员涉嫌犯罪的，依法追究刑事责任。

（5）法律责任。在事故发生后，事故发生单位主要负责人不立即组织事故抢救、迟报漏报事故或者在事故调查处理期间擅离职守的，处上一年年收入 40%～80%的罚款；属于国家工作人员的，并依法给予处分；构成犯罪的，依法追究刑事责任。事故发生单位及其有关人员谎报、瞒报事故的，伪造、故意破坏事故现场的，转移、隐匿资金、财产的，销毁有关证据、资料的，拒绝接受调查或者拒绝提供有关情况和资料的，在事故调查中做伪证或者指使他人做伪证的，事故发生后逃逸的，对事故发生单位处 100 万元以上 500 万元以下的罚款；对主要负责人、直接负责的主管人员和其他直接责任人员处上一年年收入 60%～100%的罚款；属于国家工作人员的，并依法给予处分；构成违反治安管理行为的，由公安机关依法给予治安管理处罚；构成犯罪的，依法追究刑事责任。

（6）附则。

2.《铁路安全管理条例》

（1）为什么要制定出台《铁路安全管理条例》？

铁路是我国国民经济和社会发展的重要基础设施,国家高度重视铁路安全工作。早在 1989 年,国务院就制定公布了《铁路运输安全保护条例》,2004 年又对该条例进行了全面修订,对保障铁路运输安全发挥了重要作用。但是,随着近年来我国铁路建设和运营的快速发展,《铁路运输安全保护条例》已不能完全适应保障铁路安全的新形势、新要求,需要修改完善,主要表现在以下三个方面:一是铁路建设质量安全是保障铁路运输安全的基础,但《铁路运输安全保护条例》缺乏对铁路建设的规定,需要补充;二是近年来高速铁路的发展对铁路安全提出了更高要求,需要在立法中做出有针对性的规定;三是根据铁路政企分开和国务院深入推进行政审批制度改革的精神,需要对《铁路运输安全保护条例》中不适应改革要求的规定进行调整。《铁路安全管理条例》即是在总结《铁路运输安全保护条例》实施经验的基础上起草制定的。新条例涵盖了铁路建设质量安全、铁路专用设备质量安全、铁路线路安全、铁路运营安全等铁路安全生产的主要领域和重要管理制度,是铁路安全管理的综合性法规。新条例的贯彻实施,必将有力地推进铁路安全管理,更好地保障公众生命财产安全,促进铁路安全发展。

(2)《铁路安全管理条例》对于铁路安全管理体制是如何规定的?

《国务院机构改革和职能转变方案》和《国务院关于组建中国铁路总公司有关问题的批复》(国函〔2013〕47 号)规定:将铁道部拟订铁路发展规划和政策的行政职责划入交通运输部;组建国家铁路局,由交通运输部管理,承担铁道部的其他行政职责,负责拟订铁路技术标准,监督管理铁路安全生产、运输服务质量和铁路工程质量等;交通运输部、国家铁路局依法对中国铁路总公司进行行业监管。据此,条例规定:国务院铁路行业监督管理部门负责全国铁路安全监督管理工作,国务院铁路行业监督管理部门设立的铁路监督管理机构负责辖区内的铁路安全监督管理工作。国务院有关部门依照法律和国务院规定的职责,负责铁路安全管理的有关工作。

(3)转变政府职能、减少行政审批是本次机构改革的一大亮点,《铁路安全管理条例》有哪些突破?

首先,《铁路安全管理条例》取消了《铁路运输安全保护条例》中设定的部分行政许可项目,如设置或者拓宽铁路道口、人行过道审批,铁路运输管理信息系统认定,铁路危险货物承运人资质许可,铁路危险货物托运人资质许可,超限、超长、超重、集重货物承运审批等。

在取消上述行政审批项目的同时,《铁路安全管理条例》对加强企业安全管理提出了明确要求,进一步强化了铁路运输企业的安全生产主体责任。对在铁路线路安全保护区内从事建造建筑物、构筑物、取土挖砂等活动,以及在铁路线路两侧 1 000 m 范围内从事露天采矿、采石或者爆破作业的,还规定要与铁路运输企业协商一致并采取安全防护措施;在铁路桥梁跨越处河道上下游各 1 000 m 范围内进行围垦造田、拦河筑坝、架设浮桥,以及各 500 m 范围内进行疏浚作业等活动的,有关部门在审批前应当征求铁路运输企业的意见。在铁路运营安全方面,《铁路安全管理条例》进一步补充完善了要求铁路运输企业保障旅客和货物运输安全的相关规定。

(4)《铁路安全管理条例》在完善铁路运输安全保障措施方面还做了哪些规定?

《铁路安全管理条例》总结实践经验,适应铁路运输和建设发展对立法的迫切需求,并针对存在的问题,进一步补充完善了对有关保障铁路运输安全的规定:一是增加规定对存在安全缺陷的铁路机车车辆及其他专用设备实行召回制度，由设备制造者负责召回缺陷产品并消除缺陷；二是适应电气化铁路发展对用电安全保障的需要，增加了对铁路运输用电保障以及防止超标准排放大气污染物危及电力接触网安全的规定；三是增加了禁止干扰铁路运营指挥调度无线电频率正常使用，保障铁路无线电指挥调度系统安全畅通的相关规定；四是增加了实施火车票实名购买、查验制度的有关规定；五是增加了危及铁路安全的禁止性规定，如禁止违规操纵列车紧急制动设备，禁止擅自进入铁路线路封闭区域，禁止强行登乘或者以拒绝下车方式强占列车等；六是增加了对铁路监管部门的职责规定，要求铁路监管部门对从事铁路建设、运输、设备制造维修的企业执行本条例的情况实施监督检查，建立企业违法行为记录和公告制度等。

（5）为什么要设置铁路线路安全保护区？

铁路线路安全保护区，是指为防止外来因素对铁路列车运行的干扰，减少铁路运输安全隐患，保护国家的重要基础设施，在铁路沿线两侧一定范围内对影响铁路运输安全的行为进行限制而设置的特定区域。这里所说的铁路线路，包括铁路钢轨道床、路基、边坡、侧沟和其他排水设备、防护设备等，以及铁路桥梁、隧道、场站等。

长期以来，一些单位和个人在铁路线路两侧修路、挖沟、盖房，或进行排污、烧荒、倾倒垃圾、放养牲畜等，严重影响了列车运营安全。高速铁路的快速发展和既有铁路的提速，对铁路沿线安全环境提出了更高要求，原条例设定的铁路线路安全保护区范围及相关管理制度已不能适应新形势发展的需要。修订后的《铁路安全管理条例》对铁路线路安全保护区的相关制度做了进一步的调整完善。

（6）铁路线路安全保护区的范围有多大？

铁路沿线情况错综复杂，火车经过城市市区、城市郊区、村镇居民居住区与其他地区，面对的安全状况是不同的；特别是高速铁路速度快、对安全环境要求更高。因此，本条例从实际出发，对铁路线路安全保护区的范围做了四种不同情况的规定，即"铁路线路安全保护区的范围，从铁路线路路堤坡脚、路堑坡顶或者铁路桥梁（含铁路、道路两用桥，下同）外侧起向外的距离分别为：① 城市市区高速铁路为 10 m，其他铁路为 8 m；② 城市郊区居民居住区高速铁路为 12 m，其他铁路为 10 m；③ 村镇居民居住区高速铁路为 15 m，其他铁路为 12 m；④ 其他地区高速铁路为 20 m，其他铁路为 15 m。"其中，路堤坡脚是指路基边坡与地面相接的部分，路堑坡顶是指路堑坡面与地面相接的部分。

同时，条例还考虑到在特殊路段、特殊情况下，上述距离不能满足铁路运输安全保护的需要，需要适当扩大铁路线路安全保护区范围的情况，明确规定："前款规定距离不能满足铁路运输安全保护需要的，由铁路建设单位或者铁路运输企业提出方案，铁路监督管理机构或者县级以上地方人民政府依照本条第三款规定程序划定。"

（7）如何把握铁路线路安全保护区与铁路用地的关系？

铁路线路安全保护区是为了保障铁路运输安全而设的一个特定区域。在此区域内，禁止从事危及铁路运输安全的行为，但并不改变用地的权属关系。铁路用地的取得有两种方式：一种是依据《中华人民共和国土地管理法》，通过划拨方式取得的铁路建设用地；另一种是以出让等有偿使用方式取得的铁路用地。通过这两种方式取得的铁路用地，均具有产权属性。

在实际划界时，铁路线路安全保护区边界与铁路用地边界可能出现不一致的情况。铁路用地边界可能大于安全保护区边界，也可能等于或小于铁路线路安全保护区边界。无论是在铁路用地地界内还是地界外，本条例所列的禁止性规定都同样适用。

（8）铁路线路安全保护区如何划定？

鉴于铁路线路安全保护区在实际划定时可能遇到的各种复杂情况，条例对不同情况下的划定程序和权限做出了具体规定：

一是在铁路用地能满足铁路线路安全保护要求的情况下，由铁路监督管理机构组织铁路建设单位或者铁路运输企业划定并公告。这样规定是因为在铁路征地时，地方政府已对铁路用地进行了审批，对铁路建设用地及安全保护的需要已经审核同意。在地方政府已经批准的铁路用地范围内设立铁路线路安全保护区，可以不再由地方人民政府进行审批，提高了工作效率。

二是在铁路用地范围外划定铁路线路安全保护区的，由县级以上地方人民政府组织有关铁路监督管理机构、县级以上地方人民政府国土资源等部门划定并公告。划定主体为县级以上地方人民政府，包括省、市（设区的市）、县三级地方人民政府。县级以上地方人民政府划定后，还应当依法履行公告义务，以保障公众的知情权。在铁路线路安全保护区内，本条例规定了相关管理制度，明令禁止一系列可能危害铁路线路和运输安全的行为。县级以上地方人民政府只有及时履行公告义务，使人民群众知悉铁路线路安全保护区的范围，才能保障安全保护区内相关制度和禁止性规定的切实执行。

三是在铁路线路安全保护区的范围可能与公路建筑控制区、河道管理范围、水利工程管理和保护范围、航道保护范围或者石油、电力以及其他重要设施保护区重叠的情况下，条例规定由县级以上地方人民政府组织有关部门划定并公告，同时要求依照法律、行政法规的规定进行协商。这里的有关部门，包括但不限于铁路监督管理机构、交通运输部门、河道管理部门、水利管理部门、航道管理部门、石油电力以及其他相关企业等。有关部门依照法律、行政法规的规定进行协商、达成一致意见后，最终划定并公告的主体仍为县级以上地方人民政府。

（9）哪些铁路应当实行全封闭管理？

《铁路安全管理条例》第二十八条规定："设计开行速度 120 km/h 以上列车的铁路应当实行全封闭管理。"

在铁路既有线提速之前，行人穿越铁路造成的人身伤亡事故较少，主要是因为列车速度较低（一般均低于 100 km/h），多数情况下行人发现来车紧急撤离铁道，具有一定的可能性。随着列车运行速度的提高，行人穿越铁路，发现来车往往来不及撤离铁道，发生伤亡事故的概率相应增加。为保障广大人民群众人身安全，条例总结实践经验，新增加了"设计开行速度 120 km/h 以上列车的铁路应当实行全封闭管理"的规定。

（10）为什么禁止在铁路线路安全保护区内烧荒、放养牲畜、种植影响铁路线路安全和行车瞭望的树木等植物？

《铁路安全管理条例》第二十九条第一款规定："禁止在铁路线路安全保护区内烧荒、放养牲畜、种植影响铁路线路安全和行车瞭望的树木等植物。"

禁止在铁路线路安全保护区内烧荒，首先是因为线路两侧烧荒容易引发火灾，直接威胁铁路行车安全；其次，烧荒产生的高温容易破坏埋设在线路两侧或者在线路上空的铁路通信、信号线路的保护设备，直接导致线路短路，影响铁路调度指挥系统；再次，烧荒引起的烟雾还会直接影响机车驾驶人员瞭望。

禁止在铁路线路安全保护区内放养牲畜，主要是由于列车运行速度较快，制动距离和制动时间都比较长，一旦发现紧急情况，列车在短时间、短距离内难以停车。铁路沿线居民放养的牲畜窜上线路与火车相撞，轻则财产受损，重则可能导致列车颠覆。因此，规定禁止在铁路线路安全保护区内放养牲畜，是为保障公众生命财产安全所必须采取的措施。

禁止在铁路线路安全保护区内种植影响铁路线路安全和行车瞭望的树木等植物，主要是考虑到铁路线路两侧的防护林木和护坡草坪是为了保证线路的稳定，防止雨水冲刷和风沙等灾害而特意栽培的。如果树木过于高大，会影响司机瞭望，司机难以及时看清前方一定距离内的信号显示，或有异常情况时不能及时发现和处理，就可能造成行车事故。条例对此类行为做出禁止性规定，加大了对铁路行车安全的保护力度。

（11）在铁路线路安全保护区内排污、倾倒垃圾以及其他有害物质，会产生哪些危害？条例对此做了怎样的规定？

《铁路安全管理条例》第二十九条第二款规定："禁止向铁路线路安全保护区排污、倾倒垃圾以及其他危害铁路安全的物质。"向铁路线路安全保护区内排污、倾倒垃圾以及其他危害铁路安全的物质，不仅破坏铁路沿线的环境卫生，而且容易腐蚀铁路钢轨道床、信号通信设施，造成路基病害和桥梁淤堵，成为干扰铁路行车的因素之一，必须对这些行为予以禁止。这里所称"排污"，既包括固体废弃物，也包括液体废弃物；所称"倾倒垃圾及其他危害铁路安全的物质"，既包括铁路沿线生产、生活产生的垃圾及其他危害铁路安全的物质，也包括从列车上向外倾倒的垃圾。

（12）为什么在铁路线路安全保护区内要对建造建筑物、构筑物等设施，取土、挖砂、挖沟、采空作业以及堆放、悬挂物品等活动进行限制？

《铁路安全管理条例》第三十条规定："在铁路线路安全保护区内建造建筑物、构筑物等设施，取土、挖砂、挖沟、采空作业或者堆放、悬挂物品，应当征得铁路运输企业同意并签订安全协议，遵守保证铁路安全的国家标准、行业标准和施工安全规范，采取措施防止影响铁路运输安全。铁路运输企业应当派员对施工现场实行安全监督。"

条例之所以对铁路线路安全保护区内的这些生产活动进行限制，主要是出于以下考虑：

一是建筑物、构筑物的建造过程本身会对行车产生一定的干扰，影响运输安全与通畅；打桩或深挖基础等难免对线路产生影响；建筑物、构筑物的突出部分可能造成行车障碍；高大的建筑物、构筑物还容易遮挡机车驾驶人员视线，不利于行车瞭望。

二是随意在铁路线路两侧取土、挖砂、挖沟或采空作业，直接影响铁路线路的稳固，带来安全隐患。安全行车必须有稳固的线路，尤其是高速铁路的发展，对线路安全提出了更高的要求。一旦线路遭到破坏，轻则导致中断行车，重则导致车毁人亡。

三是在铁路线路安全保护区内堆放、悬挂物品，如堆放粮食、稻草、砂石等物品，将直接形成列车运行的障碍；在铁路线路两侧晾晒衣物或悬挂其他物品，特别是彩色的物品，容易导致机车驾驶人员判断信号错误或者影响瞭望。

在铁路线路安全保护区确需从事上述生产活动，根据条例的规定，必须经铁路运输企业同意，施工前应当与铁路运输企业签订安全协议。之所以这样规定，主要是为了落实铁路运输企业的安全生产主体责任，便于其采取有效的防护措施。因此，条例还规定了铁路运输企业应当派员对施工现场实行安全监督。同时，条例还对相关施工作业方保障施工安全和铁路运输安全的义务做出了规定。

（13）铁路线路安全保护区内的既有建筑物、构筑物应当如何处理？

《铁路安全管理条例》第三十一条规定："铁路线路安全保护区内既有的建筑物、构筑物危及铁路运输安全的，应当采取必要的安全防护措施；采取安全防护措施后仍不能保证安全的，依照有关法律的规定拆除。拆除铁路线路安全保护区内的建筑物、构筑物，清理铁路线路安全保护区内的植物，或者对他人在铁路线路安全保护区内已依法取得的采矿权等合法权利予以限制，给他人造成损失的，应当依法给予补偿或者采取必要的补救措施。但是，拆除非法建设的建筑物、构筑物的除外。"

由于历史的原因，铁路线路两侧存在着一定数量的合法或者非法的建筑物、构筑物，有些处于铁路线路安全保护区的范围内，或多或少会影响铁路运输安全。条例对铁路线路安全保护区内已有的建筑物、构筑物处置，视不同情况做了不同的规定，即既有建筑物、构筑物危及铁路运输安全的，应采取必要的安全防护措施。采取安全防护措施，可以是所有权人或者实际控制人自觉的行为，也可以是铁路监管部门或者地方人民政府敦促的结果。对采取安全防护措施后仍不能满足安全要求的建筑物、构筑物，应依照《中华人民共和国行政强制法》等有关法律的规定拆除。

同时，条例对拆除铁路线路安全保护区内的建筑物、构筑物，清理铁路线路安全保护区内的植物，或者对他人在铁路线路安全保护区内已依法取得的采矿权等合法权利进行限制的行为，规定"采取必要的补救措施"或者"依法给予补偿"。这里所说的补救，主要是采取措施对相关利益主体所受损失的弥补或挽救，如对铁路线路安全保护区内的植物清理后移植培育；对简易建筑物、构筑物拆除后异地复原。这里所说的补偿，主要是对相关利益主体所受损失的货币化或其他形式的弥补。为保障铁路运输安全而拆除沿线既有的合法建筑物、构筑物等行为，会对所有者或使用者的利益造成一定损害，因此本条明确规定了补偿原则。需要指出的是，在铁路线路安全保护区内拆除非法建筑物、构筑物，其所有者违法在先，本身不受法律保护，不应给予补偿。对此，本条也做了排除性规定。

（14）什么是铁路建筑限界？

铁路建筑限界，是指一个和铁路线路中心线垂直的极限横断面轮廓。在此轮廓内，除机车车辆和与机车车辆有直接相互作用的设备（车辆减速器、路签授受器、接触电线及其他）外，其他设备或建筑物、构筑物均不得侵入。铁路建筑限界是根据机车车辆运动的最大轮廓尺寸并考虑一定的安全余量而制定的。限界尺寸一经规定不得随意缩小。缩小限界或者其他物体进入限界都可能危及列车运行安全，导致行车事故的发生。

（15）条例对铁路线路附近建筑物、构筑物、设备等物体与铁路建筑限界的关系，做了怎样的规定？

《铁路安全管理条例》第三十二条明确规定："在铁路线路安全保护区及其邻近区域建造或者设置的建筑物、构筑物、设备等，不得进入国家规定的铁路建筑限界。"

对铁路建筑限界的管理，是铁路运输安全管理的重要组成部分。过去曾因进入建筑限界发生过行车事故。对这种直接危害铁路运输安全的行为，应当予以制止，否则有可能造成车毁人亡的行车事故。因此，条例对进入国家规定的铁路建筑限界的行为做出了明确的禁止性规定，并且以列举的形式指出了铁路线路及其邻近的建筑物、构筑物、设备禁止进入。需要指出的是，对于与机车车辆有直接互相作用的设备，如车辆减速器、路签授受器、接触电线以及其他保障铁路正常运行的设施设备，应当排除在本条规定之外。

（16）条例所称的"危险物品"指什么？在铁路线路两侧建造、设立危险物品作业场所有何限制性规定？

危险物品，是指易燃易爆物品、危险化学品、放射性物品等能够危及人身安全和财产安全的物品。其中，易燃易爆物品是指在受热、摩擦、振动、遇潮、化学反应等情况下易发生燃烧、爆炸等恶性事故的物品；危险化学品是指具有毒害、腐蚀、爆炸、燃烧、助燃等性质，对人体、设施、环境具有危害的剧毒化学品和其他化学品；放射性物品，是指含有放射性元素，并且其活度和比活度均高于国家规定的豁免值的物品。

《铁路安全管理条例》第三十三条明确规定："在铁路线路两侧建造、设立生产、加工、储存或者销售易燃、易爆、放射性物品等危险物品的场所、仓库，应当符合国家标准、行业标准规定的安全防护距离。"

铁路线路通畅是铁路运营的基本要求，铁路线路安全是铁路运输安全的基本保障。在铁路线路两侧，分布着各类铁路设施及铁路车站，这些铁路设施和车站的周围往往是人群密集或货物集中的地方。如果易燃、易爆物品或放射性物品等危险物品距离铁路线路、铁路设施或铁路车站过近，一旦发生事故，将会造成旅客和社会公众重大伤亡，后果不堪设想。因此，这些危险物品作业场所必须与铁路线路、车站等设施保持必要的安全防护距离。

至于这个安全防护距离到底应设多大范围，不同专业有不同标准，应当根据易燃易爆物品、危险化学品、放射性物品的不同特性，执行相关国家标准和行业标准。这些标准是对长期安全生产经验的总结，按照国家标准、行业标准确定危险物品作业场所与铁路线路的安全防护距离，能够满足保障安全的需要，具有较强的针对性和可操作性。

（17）条例对在铁路线路两侧从事采矿、采石及爆破作业，是如何规定的？

《铁路安全管理条例》第三十四条明确规定："在铁路线路两侧从事采矿、采石或者爆破作业，应当遵守有关采矿和民用爆破的法律法规，符合国家标准、行业标准和铁路安全保护要求。在铁路线路路堤坡脚、路堑坡顶、铁路桥梁外侧起向外各 1 000 m 范围内，以及在铁路隧道上方中心线两侧各 1 000 m 范围内，确需从事露天采矿、采石或者爆破作业的，应当与铁路运输企业协商一致，依照有关法律法规的规定报县级以上地方人民政府有关部门批准，采取安全防护措施后方可进行。"

长期以来，部分单位和个人在采矿、采石及爆破作业中，不考虑施工范围、施工时间、开采程度以及爆破的强度，随意开采、任意爆破，对铁路设施设备造成了巨大损害，严重威胁铁路线路安全和行车安全，因采矿、采石及爆破作业导致的铁路交通事故时有发生。为此，条例明确规定，任何单位和个人，在铁路线路两侧从事采砂、采石或者爆破作业，都要服从三个方面的要求：一是要遵守有关采矿和民用爆破的法律法规；二是要符合国家标准、行业标准；三是要符合铁路安全保护要求，也就是说，必须以保障安全为前提。

在此前提下，条例还对在铁路线路路堤坡脚、路堑坡顶、铁路桥梁外侧起向外各 1 000 m 范围内，以及在铁路隧道上方中心线两侧各 1 000 m 范围内，确需从事露天采矿、采石或者爆破作业的，做出特别规定，要求从事这类作业的单位和个人，应当与铁路运输企业协商一致，依照有关法律法规的规定报县级以上地方人民政府有关部门批准，采取安全防护措施后方可进行。这主要是因为在铁路两侧 1 000 m 范围内进行露天采矿、采石或者爆破作业的，对铁路安全和公众生命财产安全的影响更直接，危险性可能更大，需要由相关作业方、铁路运输企业、地方政府共同负起责任，采取切实有效的安全防护措施。相关作业方应当按照条例规定履行法定义务，铁路运输企业要认真协商落实安全防护要求，地方政府要严格审批，并切实加强监管，多管齐下、保障安全。

（18）为什么要规定高速铁路线路两侧禁采或限采地下水？

《铁路安全管理条例》第三十五条规定："高速铁路线路路堤坡脚、路堑坡顶或者铁路桥梁外侧起向外各 200 m 范围内禁止抽取地下水。在前款规定范围外，高速铁路线路经过的区域属于地面沉降区域，抽取地下水危及高速铁路安全的，应当设置地下水禁止开采区或者限制开采区，具体范围由铁路监督管理机构会同县级以上地方人民政府水行政主管部门提出方案，报省、自治区、直辖市人民政府批准并公告。"

高速铁路对路基稳定性要求极高，若在高速铁路路基附近随意采水，造成地下空洞区，将严重威胁高速铁路安全。有鉴于此，条例确定了高速铁路线路两侧禁采或限采地下水的制度：一是明确规定高速铁路路堤坡脚、路堑坡顶或者铁路桥梁外侧起向外各 200 m 的范围内，任何单位和个人无论出于何种情况，均不得抽取地下水。也就是说，200 m 范围内属于禁采区。二是考虑到高速铁路线路经过的地区范围较广，地质条件差异较大，对 200 m 范围外抽取地下水的行为，规定在一定条件下应当设置地下水禁采区或者限采区，即高速铁路线路经过区域属于地面沉降区域，抽取地下水危及高速铁路安全的，应当设置地下水禁止开采或者限制开采区。这是对有关部门保护高速铁路线路安全的义务性规定，而非任意性规定。根据条例的规定，禁采区或者限采区的具体范围由铁路监督管理机构会同县级以上地方人民政府水行政主管部门提出方案，最终的划定主体是省、自治区、直辖市人民政府。省级人民政府应当依照相关法律法规，根据高速铁路线路经过区域的实际情况，组织研究论证，科学划定禁采区和限采区的具体范围；在划定后，还应当依法履行公告义务。

（19）加强高速铁路安全管理问题在保障高速铁路安全方面规定了哪些制度措施？

高速铁路技术密集，运行速度快，对安全保障有更严格的要求，一方面要严格执行铁路安全保护的一般规定，另一方面也要针对高速铁路安全保护的特殊需要建立完善专门的安全管理制度。《铁路安全管理条例》进一步充实了保障高速铁路安全的规定：一是根据高速铁路建设对工程地质条件的严格要求，规定对高速铁路建设实行工程地质勘察监理制度，以保证工程地质勘察质量；二是为确保高速铁路运行安全和沿线社会公众人身安全，经研究论证明确了高速铁路线路安全保护区的范围，并要求设计开行速度 120 km/h 以上列车的铁路实行全封闭管理；三是针对地下水开采造成的地面沉降危及高速铁路运行安全的突出问题，明确规定高速铁路线路两侧各 200 m 范围内禁止抽取地下水，在此范围外的地面沉降区域，抽取地下水危及高速铁路安全的，应当设置地下水禁止开采区或者限制开采区。在这里，还要特别提醒旅客朋友们不要在动车组列车上吸烟，吸烟所产生的烟雾会直接危及列车正常运行，并造成安全隐患，条例对此有明确的禁止性规定。

（20）铁路建设质量是铁路运输安全的基础和前提，条例在保障铁路建设质量安全方面做了哪些规定？

作为铁路安全管理的综合性法规，条例在总结铁路建设实践经验的基础上，针对保障铁路建设质量安全的关键环节和主要问题，设专章对铁路建设质量安全做了规定：一是规定铁路建设工程的勘察、设计、施工、监理以及建设物资、设备的采购，应当依法进行招标；二是明确铁路建设各参与方的质量安全责任，规定铁路建设工程的勘察、设计、施工、监理应当遵守法律、行政法规关于建设工程质量和安全管理的规定，执行国家标准、行业标准和技术规范，并对勘察、设计、施工的质量负责，建设单位应当对建设工程的质量安全进行监督检查，制作检查记录留存备查；三是要求铁路建设工程的安全设施应当与主体工程同时设计、同时施工、同时投入使用；四是规定铁路建设工程使用的材料、构件、设备等产品，应当符合有关产品质量的强制性国家标准、行业标准；五是明确规定铁路建设工程的建设工期应当根据工程地质条件、技术复杂程度等因素，按照有关规定合理确定、调整，任何单位和个人不得违反规定要求铁路建设、设计、施工单位压缩建设工期；六是严格竣工验收制度，规定铁路建设工程竣工经验收、评估合格，符合运营安全要求的，方可投入运营。

（21）铁路机车车辆驾驶证是否属于国家机关证件范畴？

根据《铁路安全管理条例》（国务院令第 639 号）和《铁路机车车辆驾驶人员资格许可办法》（交通运输部令〔2013〕14 号）及《铁路机车车辆驾驶人员资格许可实施细则》（国铁设备监〔2014〕18 号）有关规定，申请人考试合格的，由国家铁路局颁发相应类别的铁路机车车辆驾驶证。因此，铁路机车车辆驾驶证是由国家铁路局监制，属于国家机关证件。

6.1.3　省级铁路安全管理相关文件

随着高速铁路的不断发展，各省投资或合资兴建的地方铁路或合资铁路也不断增多，相关省市也随之颁布了一系列地方铁路法规。如 2018 年颁布的《湖北省铁路安全管理办法》规定："在铁路线路两侧 500 m 范围内升放风筝、气球、孔明灯、飞行器等低空飘浮物体，铁路公安机关将责令改正，对单位处 1 万元以上 5 万元以下，对个人处 500 元以上 2 000 元以下的罚款。"该办法规定，公安机关对毁坏铁路设施设备、防护设施，危害铁路通信、信号设施安全，危害电气化铁路设施，危害铁路安全等 4 类 26 种违法行为予以处罚。

同样，2018 年，《广东省铁路安全管理条例》也同时颁布，针对常见的扰乱铁路运输秩序的行为进行了规定，如条例第三十四条规定，铁路运输企业应当按照国家有关规定实行车票实名购买、查验制度，并公开纸质、电子车票的使用规则。无有效车票、车票所记载身份信息与本人真实身份信息不符的，铁路运输企业有权拒绝其进站乘车。旅客应当按照车票载明的座位乘车，不得强占他人座位。

该条例明确，铁路运输企业应当按照规定建立健全铁路旅客信用信息管理制度，对扰乱铁路站车运输秩序且危及铁路安全、造成严重社会不良影响，以及严重违反铁路运输企业安全管理规章制度的失信行为进行记录，并按照规定推送全国和地方信用信息共享平台。有关部门和铁路运输企业应当依法对失信行为实施联合惩戒。

另外，条例中明确了 4 种危害铁路安全的行为：围堵列车、阻碍发车，或者采取强行登乘、拒绝下车等方式影响列车运行；在铁路线路上放置、遗弃障碍物或者在铁路线路上飞行无人驾驶航空器；向运行中的列车抛掷影响行车安全的物品；在禁止吸烟的列车上、列车的禁烟区域内吸烟或者能够产生烟雾的香烟替代品及法律法规规定的其他禁止行为。

如若实施这些禁止行为，将由公安机关责令改正，对单位处 1 万元以上 5 万元以下的罚款，对个人处 500 元以上 2 000 元以下的罚款。

同年，福建、四川等地也相继颁布了地方铁路法规，为铁路齐抓共管，确保铁路安全做出了安全保障。

6.2 国铁集团层面安全制度

为了确保铁路安全正点、方便快捷、高速高效，中国国家铁路集团有限公司（以下简称国铁集团）制定了统一的《铁路技术管理规程》。为及时准确调查处理铁路交通事故，国铁集团还制定了《铁路交通事故调查处理规则》，为加强铁路装备管理，确保铁路运输安全，国铁集团发布了各类设备的许可证实施的制度和细则，国铁集团各职能部门针对各业务系统特点制定并颁布了《铁路调度规则》《铁路事故求援规则》等。

各铁路局结合各局的具体情况制定了《行车组织规则》《道口管理规则》《车机联控标准用语》和一些设备运用、质量检修等有关的大、中维修规则，并且为保证行车安全，部、局相关部门还下发了有关行车安全的文件、电报和通知。而各运输站、段除了制定《车站行车工作细则》和《机务段运用管理细则》外，还制定了各行车工种的标准化作业制度和考核办法，为铁路运输安全的有序可控起到了至关重要的作用。

6.2.1 人身安全相关规定

1.《铁路技术管理规程》有关人身安全规定

《铁路技术管理规程》（以下简称《技规》）分为总则、技术设备、行车组织、信号显示几篇（普速铁路部分共 19 章 462 条、高速铁路部分 25 章 498 条）。《技规》规定了铁路的基本建设、产品制造、验收交接、使用管理及保养维修方面的基本要求和标准；规定了各部门、各单位、各工种在从事铁路运输生产时，必须遵循的基本原则、责任范围、工作方法、作业程序和相互关系；规定了信号的显示方式和执行要求；明确了铁路工作人员的主要职责和必须具备的基本条件。《技规》是铁路技术管理的基本规章，铁路的其他规章和规范性文件以及各部门、各单位制定的技术管理文件等，都必须符合《技规》的规定。《技规》要求铁路职工必须严格遵守和执行本规程的规定，在自己的职务范围内，以对国家和人民极端负责的态度，保证安全生产。特别要求铁路行车有关人员，接班前须充分休息，严禁饮酒；在执行职务时，必须坚守岗位，穿着规定的服装，佩戴易于识别的证章或携带相应的证件，讲普通话。

2. 铁路运输系统作业人员劳动安全关键点通用控制措施

为适应铁路运输生产和技术条件不断发展变化的需要，落实"规范管理，强基达标"总体要求，强化作业安全关键环节的控制，减少职工伤害事故，国铁集团制定了《铁路运输系统作业人员劳动安全关键点控制措施》，分为通用控制措施和具体控制措施两大部分。

通用控制措施规定在铁路既有线从事作业的所有人员，必须认真落实下列劳动安全控制措施。

（1）严格遵守劳动纪律和作业纪律，认真执行保休制度，班前充分休息，严禁班前、班中饮酒；严禁脱岗、串岗、私自替班或换班，不得做与工作无关的事情。

（2）新上岗、转岗、提职职工必须进行单位、车间、班组三级安全教育及其他规定的安全教育，经培训考试合格后，方准上岗单独作业。学徒工、实习人员、干部在参加劳动、学习期间，不准单独顶岗。

（3）行车、特种作业人员，机械设备、工具操作人员，须经专业安全技术培训考试合格后，方准持证上岗。

（4）作业中必须按规定着装、佩戴防护用品和正确使用防护用具，严格执行安全技术操作规程。

（5）横越线路时，必须做到"一站、二看、三通过"，严禁抢越、钻车或穿越两车间隙，严禁在道心或枕木头上行走，严禁扒乘机车车辆以车代步。

（6）上道检修人员应配备自动报警或通信联络工具，在设有来车报警设备的区段作业时，应按规定使用报警设备。接到来车通知后，必须停止作业，迅速撤离到安全地带待避车辆。

（7）电气化区段作业人员除落实上述措施外，还应严格执行《电气化铁路有关人员电气安全规则》。

3. 电气化铁路有关人员电气安全规则

为防止电气化铁路发生触电伤害事故，《电气化铁路有关人员电气安全规则》分为总则，一般安全规定，接发列车及调车作业安全规定，货运、装卸作业安全规定，机车、动车、车辆作业安全规定，工务作业安全规定，电务作业安全规定，牵引供电、电力作业安全规定，电气化铁路附近消防安全规定，车辆行人通过道口安全规定，其他作业安全规定，共 12 章 52 条。

6.2.2　安全生产行业标准

安全生产行业标准是指国务院有关部门依照"标准化法"制定的在安全生产领域内适用的安全生产技术规范。国家标准和行业标准，两者具有同样的约束力。下面所介绍的标准是指仅在铁路行业执行的标准。

1.《铁路调车作业标准》（GB/T 7178—2006）

《铁路调车作业标准》（以下简称《标准》）是铁路诸多作业标准中唯一的国家标准。

《标准》共分 10 个部分（GB/T 7178.1—2006 ~ GB/T 7178.10—2006）：

第一部分：基本规定；

第二部分：准备作业；

第三部分：半自动化驼峰作业；

第四部分：简易驼峰作业；

第五部分：平面牵出线作业；

第六部分：编组列车作业；

第七部分：列车摘挂作业；

第八部分：取送车辆作业；

第九部分：停留车作业；

第十部分：自动化驼峰作业。

第一部分给出了铁路调车作业的基本要求、技术要求、调车信号机显示规定、使用无线调车灯显设备的规定、手信号显示的规定、调车听觉信号的规定和铁路平面无线调车系统调车指令表。

第二部分至第十部分分别规定了准备作业、半自动化驼峰作业、简易驼峰作业、平面牵出线作业、编组列车作业、列车摘挂作业、取送车辆作业、停留车作业、自动化驼峰作业的程序、项目、内容、作业人员和技术要求。

《标准》对所有参加铁路调车作业的人员提出了基本要求。要求参加铁路调车作业的人员在执行标准时应根据车站的技术设备条件和作业性质，执行相应的调车作业标准；由于作业组织方法和作业人员的职名不同，岗位作业标准中的作业人员分工，可按岗位责任制的规定执行，但不应简化标准中的技术要求。

《标准》规定车站的调车工作由车站调度员（未设调度员的，由车站值班员）统一领导，调车作业由调车长单一指挥。调车作业人员应保证班前充分休息，按时参加班前点名，开好预想会。班中按规定着装，按作业分工认真执行包线检查，实行对号交接。参加调车作业的人员除应完成调车任务外，还应保证调车有关人员的人身安全及行车安全。

2.《铁路车站行车作业人身安全标准》

本标准规定了铁路车站行车作业人身安全标准，共分4个部分。

第一部分：行车作业人身安全通用标准，规定了行车作业人员应当遵守的一禁止、四严禁、二不准。

一禁止是指班前禁止饮酒。四严禁是指严禁在道心、枕木头上行走；严禁在运行中的机车、车辆前面抢越；严禁钻车；严禁扒乘机车、车辆，以车代步。二不准是指不准脚踏钢轨面、道岔连接杆、尖轨等；不准在钢轨上、车底下、枕木头、道心里坐卧或站立。

第二部分：接发列车作业人身安全标准，规定了行车作业人员应熟知站内一切行车设备，并随时注意使用情况，如遇设备发生异状或变化时，应及时通知有关人员并采取安全措施。在接发列车作业时，必须站在《车站行车工作细则》（以下简称《站细》）规定地点，随时注意邻线机车、车辆动态。

第三部分：调车作业人身安全标准，规定了调车作业人员必须熟知调车作业区的技术设备和作业方法，以及接近线路的一切建筑物的形态和距离；规定了上下车时必须遵守的车速和应当注意的事项；规定了在车列、车辆走行中，禁止的9种违章行为；规定了手推调车、在电化区段调车、专用线或货物线调车作业，应当注意的事项和禁止的违章行为。

第四部分：扳道（清扫）作业人身安全标准，规定了作业人员除因作业必须进入道心外，均应站在安全地点。清扫道岔前应得到车站值班员或有关人员的同意，清扫电器集中道岔或联动道岔，必要时，应先将安全木楔置于尖轨与基本轨之间。清扫后及时将清扫工具撤除，并向车站值班员或有关人员报告。

6.3　铁路局集团公司层面安全制度

在各个基层铁路局集团公司层面，针对各局作业环境及地理、季节的特点，各局均制定了相关安全法规，来确保职工安全。以下为某局防止从业人员伤亡事故的控制措施（节选）。

为加强劳动安全风险防范，增强全体干部职工的自我防护意识，有效防止从业人员伤亡事故发生，结合实际，特制定本措施。

1. 对全体从业人员的共同要求

（1）接班前要充分休息，严禁班前、班中饮酒。班前、班中饮酒的，应立即停止其工作。

（2）按规定着装，正确佩戴、使用符合劳动条件的劳动保护用品和安全防护用品，不准使用不符合安全规定的安全用品、工具及测试设备。作业人员当班必须穿着劳保鞋，严禁穿高、中跟鞋，以防扭伤。

（3）新工、新岗、新职人员必须经过三级安全教育，脱产接受《电气化铁路有关人员电气安全规则》和劳动安全"应知应会""必知必会"的安全教育培训，经考试合格后，持证上岗作业。学徒工、实习人员在参加作业、学习期间，必须签订师徒合同，作业中严禁师徒分离，学徒工、实习人员不得单独作业。特种设备及特殊工种作业人员必须持国家认可并在有效期内的操作证上岗。

（4）严格遵守本单位的安全生产规章制度和操作规程，服从管理，不简化作业流程。

（5）严禁在钢轨上、轨枕头、道心、道床边坡坐卧、站立或在车下避雨、乘凉、休息。严禁扒乘机车、车辆，以车代步。

（6）横越铁路、通过道口、桥梁时，应"手比、眼看、口呼"，做到"一停、二看、三通过"，严禁来车时抢越。

（7）横越停留列车、车列时，应先确认列车、车列暂不移动，应从车门处、通过台、车钩上方越过或在停留车 5 m 以外绕行，并防止提开车钩，注意邻线来车，严禁钻车。

（8）除线路巡检人员外，顺线路行走时，不准走道心和轨枕头。在线路附近作业时，人员、设备、工具（包括手持工具）不得侵入限界。必须走道心时，应设置专人防护。

（9）所有从业人员、管理人员在作业期间，严禁使用手机（或其他电子设备）玩游戏、上网、聊天、发短信、拍照、录像等做与工作无关的事情。

（10）在电气化区段，除专业人员按规定作业外，任何人员及所携带的物件与接触网设备的带电部分，必须保持 2 m 以上的距离。

2. 高速铁路（列车运行速度在 200 km/h 及以上）区段控制措施

（1）高速铁路区段劳动安全管理坚持"行车不上道、上道不行车"的安全原则。所有进入高速铁路区段的从业人员必须进行专项的劳动安全教育、培训和考试，使从业人员熟知高速铁路区段作业劳动安全标准和防范措施，劳动安全培训和考试不合格的人员，不得进入高速铁路区段作业。

（2）天窗（或封锁时间）以外，任何人员禁止进入防护栅栏、桥面或隧道内。进入线路作业时，必须从通道（工作）门进入。

（3）高速铁路区段所有作业必须按规定设置防护，防护员必须按规定携带防护备品。

（4）在高速铁路区段作业的相关单位要加强高速铁路防护人员的任职条件、上岗资质、安全培训的定期检查与考试，合格后方准上岗。

（5）高速铁路区段所有作业人员下道避车必须在本线一侧安全距离避车，禁止分散多处或跨线避车，严禁在双线间站立避车。

（6）高速铁路区段用于装载机具、材料的施工（作业）平车不准搭乘人员；桥、涵、路基施工（作业）必须满足高空作业安全要求；各种车辆、机具、设备不得超过机车、车辆限界，施工（作业）人员和机具与接触网必须保持 2 m 以上的安全距离，不足 2 m 时，必须按规定办理停电手续，并确认停电后方准施工（作业）。

（7）高速铁路区段配备的各种手持电动工具电源必须按规定安装触电保安器，操作人员必须按规定穿戴绝缘劳动防护用品，夜间施工作业应配有足够的照明设备，并制定人身安全卡控措施。

（8）高速铁路区段施工作业人员必须听从施工负责人的统一指挥。驻调度所（车站）施工联络员应与施工负责人确保通信畅通，及时了解施工情况。驻调度所（车站）施工联络员必须得到现场施工负责人确认后，才能销点放行列车。

（9）施工及配合单位应切实加强施工作业前、中、后的联系，加强施工现场监控；上道前，施工负责人应清点作业人员、作业机具及材料数量；施工作业完毕，施工负责人必须确定人员、机具及材料全部撤出防护栅栏以外，作业车辆返回车站后，方可通知销点。

（10）高速铁路区段遇设备突发故障必须进行检查、抢修等特殊应急响应时，必须得到本线封锁、邻线最高运行速度≤160 km/h 临时限速的调度命令，按规定设好防护后，方准进行。相关单位必须有针对性地制定人身安全措施、联防互控办法和预案。

（11）在大雾、暴风雨（雪）、扬沙等恶劣天气情况下，确需进入高速铁路区段进行应急处置时，应封锁相应区间，并采取有效的安全防护措施。

（12）高速铁路区段动车组列车在区间或站内正线被迫停车后需下车检查或应急处理时，由随车机械师向司机提出请求，司机向调度所申请邻线限速或封锁命令，在本线一侧处理故障时邻线限速 160 km/h；在两线间处理故障时停车区间全线封锁，相关人员未经司机同意，严禁下车。

（13）高速铁路区段接发列车作业人员必须站在安全线以内的指定位置接发列车，严禁进入安全线以外位置接发列车。

3. 普速铁路动车组运行区段控制措施

（1）所有与动车组开行区段有关单位的干部职工必须经过安全教育和培训，经考试合格后方能上岗作业。

（2）所有从业人员必须熟知动车组通过本作业区域的运行时刻，做到心中有数。

（3）动车组运行时段内，所有人员不得跨越线路、股道，不得在封闭栅栏（网）内停留。确因需要在封闭栅栏（网）内作业时，必须按规定穿戴防护用品，在动车组到达作业地点前 10 min 下道完毕并在动车组通过线路钢轨外侧不少于 2 m 外的安全地点避车。

（4）动车组运行区段，需天窗点外进入封闭栅栏（网）内进行的各类作业，要严格执行天窗修作业管理规定。

（5）动车组运行区段的"天窗修"点外的线路上作业必须按规定设置驻站联络员、远端和近端防护员。

（6）动车组运行区段的所有从业人员严禁在封闭栅栏（网）内骑摩托车、电动车、自行车等车辆。

（7）动车组运行区段的道岔清扫作业必须纳入"天窗"点内进行。

（8）动车组通过上水站遇邻线停留客车时，客车上水人员应提前 10 min 停止作业，到安全处所避车，待动车组通过后再进行作业。

（9）车站助理值班员在接通过的动车组距线路钢轨头部外侧不足 2 m 时，要实行隔线接车，但不准隔车列。

（10）列检所、列检待检室、调车组、商检室等作业室，门前有动车组通过线路的，要安装列车报警器，并在门前设置防护栏杆。当动车组通过时，应由车站提前 10 min 通知作业人员，停止与动车组通过线路邻近线路上的一切作业。

（11）各车站的平过道，一律要装设栅栏，并有专人监护。在动车组通过前 20 min 关闭并加锁。

4. 各系统控制措施

（1）运输部门防止职工伤亡事故措施。

① 调车人员上下车时要先做好准备，选择好位置、地点，严禁飞上飞下；上车速度不得超过 15 km/h，下车速度不得超过 20 km/h；在站台上，上下车速度不得超过 10 km/h；在路肩窄、路基高的线路上和高度超过 1.1 m 的站台上作业时，必须停车上下；登乘内燃、电力机车作业时，必须在机车停稳时上下车（设有便于上下车脚蹬的调车机除外）。严禁迎面、反面上下车（牵出时最后一辆车除外）；严禁在车梯上探身过远，或经站台时站在低于站台的车梯上。显示信号不得探身过远，下车时不准跨入邻线，以防被邻线车辆撞伤。

② 调车人员在车辆运行中，严禁骑、坐车帮，翻越车辆，在棚车顶部站立或行走，调整车钩，摘接风管；严禁两人及以上人员同时站在同一闸台、车梯及机车同一侧踏板上。

③ 在有接触网的线路上调车时，禁止登上棚车（在区间和中间站禁止登上敞车）使用手制动机。编组、区段站和个别较大的中间站场，在接触网高度为 6.2 m 及以上的线路上准许使用敞车手制动机，但禁止站在高于闸台的车梯或货物上。

④ 调动车辆经过信号机、道岔表示器等设备或较近的建筑物时，不要探身过远。出入有大门的线路或专用线时，必须挂好风钩。

⑤ 带风作业时，必须执行一关（关折角塞门）、二摘（摘风管）、三提钩的作业程序。摘接风管、调整钩位、处理钩销时，必须等车列停妥，并得到调车长回示，不使用灯显设备调车作业时，昼间由调车长防护，夜间必须向调车长显示停车信号。

⑥ 在车辆运行中使用手制动机时，必须使用安全带（必须扎在衣服外面），做到上车先挂钩、下车先摘钩。严禁使用折角塞门放风制动。使用铁鞋制动时，应背向来车方向，严禁徒手使用铁鞋和带铁鞋叉上车。

⑦ 扳道员从扳道房内出务时，应先确认有无车辆通过，再跨越线路作业，严禁站在道心

或轨枕头处要道还道。清扫员清扫道岔要安排在天窗点内进行，认真执行登、销记制度，作业时必须有专人防护，要加强瞭望，随时注意机车车辆动向。清扫集中道岔或联动道岔时，应将安全木楔置于尖轨与基本轨之间，以防挤伤。

⑧ 接发列车人员接发列车时，必须站在《站细》规定地点，随时注意邻线机车车辆动态和列车运行状况，防止车门、货物、绳索等刮碰打伤。向机车递交接凭证时，须面向来车方向，交接完毕后迅速回到安全位置。

⑨ 车号员在抄车号对现车时，不准侵入邻线限界。

⑩ 行车有关人员在线路附近作业时，要随时注意来车，与司机联系工作时要仰头不退步，以防邻线来车撞伤。顺线路行走时，应走两线中间，并注意邻线的机车、车辆动态和货物装载状态。不准脚踏钢轨、道岔连接杆、尖轨等。

⑪ 列尾作业人员安装、摘卸列尾主机时，必须确认列车不移动后方可进行。与机车乘务员办理主机的接取和递送作业时，要抓稳抓牢，严防主机脱落伤人。

⑫ 利用自行车、三轮车运送列尾主机时，禁止在路面不平的地段及天气、视觉不良条件下骑驶，严禁自行车、三轮车驶入股道间。

（2）客运部门防止职工伤亡事故措施。

① 在电气化铁路区段工作的站车客运人员，必须经过电气化安全知识教育，作业时严格执行《电气化铁路有关人员电气安全规则》，严禁用水管冲刷车辆上部和攀登车顶进行任何作业，应急处理列车顶部突发事件时，必须向供电部门申请配合，得到供电部门确认具备登车顶作业的通知后，方准进行相关作业。

② 客运人员接送列车应站在安全线以内，面向列车，注意力要集中，列车未停稳或已显示发车信号后不得越过安全线。寒冬季节备足防滑物品，避免雨雪天气滑倒摔伤。严禁客运人员不经跨线设施（天桥、地道、站内平交道）横越股道。

③ 上水工在作业时应注意列车动态，遇邻线会车时，禁止走动，应蹲坐在安全位置，避免伤害。

④ 乘务人员要严格执行车门管理制度，严禁飞乘飞降。在列车运行中严禁开门乘凉、探身瞭望。乘务人员出退乘必须集体列队，按单位规定的线路行走，严禁在站内退乘解散队伍，严禁乘务员翻越车辆、跨越股道。

⑤ 加强炉灶管理，操作锅炉应持有合格证，炉灶有异状时应及时报告处理，烧干锅时严禁向炉内注水，防止发生爆炸。严禁在运行中或电气化区段进行清扫烟筒作业。

⑥ 列车前、尾部车厢端门要安装安全防护栏。餐车操作间侧门和行李车货仓门要加装明锁。

⑦ 在库内作业时，应确认列车停妥并已设防护；同时，要注意调车作业情况，必要时设专人防护。

（3）货运、装卸防止职工伤亡事故措施。

① 货运检查员接车时，不准侵入邻线限界。在货检作业过程中，严禁站在车帮或在车帮上行走；电气化区段在未得到供电部门确认具备登车顶作业的通知时，严禁登顶检查货物装载状态。

② 装卸作业前必须按规定设置防护信号。手推调车时，应检查确认人力制动机作用良好，指定胜任人员负责制动。人员应在车辆两侧推动，禁止在站台上、在轨面高于地面 400 mm 以

上的线路上推车。遇暴风雨雪或夜间无照明时，装有爆炸品、气体类危险货物的车辆，电气化区段接触网未停电的线路，对棚车、敞车类的车辆禁止手推调车。

③开关车门时，应先进行检查，然后使用拉门绳开关车门；在翻起敞车下扇门后，应卡牢两个车门卡，无须翻起时，应用支门器支开，禁止手扶门框直接推拉车门；车门迎面禁止站人。

④搬动原木等货物时，禁止用手搬动；在变更作业方式、调换工作位置、整理车下货物时须呼唤应答，经指挥者允许方可进行；禁止夜间在照明条件不良的场所装卸原木。

⑤装卸易燃易爆品、放射性物品等危险货物时，要严格执行《铁路危险货物运输管理规则》有关装卸安全的各项要求，以防发生事故。

⑥操作起重机械设备作业时，必须严格执行"十不吊""五不叉"的规定。

"十不吊"：

a. 超重或埋藏地下物不吊；

b. 非信号人员指挥或信号不明不吊；

c. 重量不明不吊；

d. 吊钩没对准货物重心（歪拉斜拽）不吊；

e. 未试吊不吊；

f. 简化持索、捆绑不牢不吊；

g. 6 m 以上长大件货物无牵引绳不吊；

h. 货件上有人、有浮摆物或勾连其他货件不吊；

i. 吊索夹角过大不吊（不宜超过 90°）；

j. 金属尖锐棱角货物吊索无衬垫不吊。

"五不叉"：

a. 货物重心超过货叉的载荷中心，使纵向稳定性降低时不叉；

b. 单叉偏载不叉；

c. 货物堆码不稳不叉；

d. 叉尖可能损坏货物时不叉；

e. 超重或重量不明不叉。

（4）不准在驾驶车辆时吸烟、饮食、闲谈、拨打接听手机或有其他妨碍安全行车的行为。

复习思考题

1. 国家层面及国铁集团层面对铁路安全管理都有哪些文件规定？

2. 防止从业人员触电伤害，在电气化铁路区段车辆作业是如何规定的？

3. 什么是"十不吊""五不叉"？

4. 横越铁路，通过道口、桥梁时，应怎么做？

参考文献

［1］周进. 铁路运输事故致因及安全风险分析方法研究[D]. 北京：北京交通大学，2018.

［2］孙汉武. 铁路安全检查监测保障体系及其应用研究[D]. 成都：西南交通大学，2010.

［3］康高亮. 中国高速铁路安全保障体系研究与实践[J]. 铁道学报，2017，39（11）：6-12.

［4］王达水. 铁路交通事故调查分析图解法及应用[M]. 北京：中国铁道出版社，2015.

［5］国家铁路局安全技术中心，石家庄铁道大学. 铁路交通事故的成因研究与调查要点[M]. 北京：中国铁道出版社，2019.

［6］孔庆春. 铁路常用词汇手册-铁路交通事故救援[M]. 北京：中国铁道出版社，2020.

［7］李伟，齐麟. 铁路交通事故现场勘验[M]. 北京：中国铁道出版社，2015.